禅の真髄

大森曹玄 集

鳥影社

まえがき

的翁曹玄老師が遷化されて、早三十有余年が過ぎようとしています。鉄舟禅会も、玄中老師、玄了老師と三代目の時代となり、的翁老師に参じた方も段々と少なくなってしまいました。的翁老師の禅風がどのようなものだったのかは、この本を読んでいただければ良く判ると思いますが、初心の人のためにはもう少し具体的に解説した方が理解が進むのではないかと思い、その要のところをまとめてみました。

的翁老師の基本のところは、天龍僧堂での「大森のカナヅチ一丁、焙烙千枚」と言われた程の大悟にあります。この大悟無くして、その後の的翁老師の活躍はなかったと思います。的翁老師の出家の動機は、戦後の混乱の中で心のよりどころをなくした若者達をなんとかしたいという、強い願心にあったと思っています。それ故に、この本で老師も指南しておられますが、無門関第一則・無字の公案に命懸けで取り組まれ、そして大悟されたのです。正に鈴木正三老人のいうところの仁王禅を実践されたのです。

髙歩院の住職となられた的翁老師は、居士を指導するのに坐禅・参禅・看経・作務だけでは十分ではないと考えられて、山岡鉄舟居士の剣・禅・書をそのまま修行の三本柱にされました。坐禅が「静中の工夫」と云われるのに対し、剣と書は「動中の工夫」です。動きながら雑念を取り払って、今という瞬間に心を集中させる、動きながらする坐禅なのです。

剣の修行としては、直心影流の「法定」を練習しました。これは木刀と一つになって、正に空手にして木刀を振ることで、「両刃交鋒不須避」「一刀両断」、自分の命に対する執着を捨てる修行です。書は「入木道」に基づく書で、法理を目にみえる形で表し、自分の修行の段階も見える、非常に素晴らしい修行方法です。今ここの一点に心を集中する「念々不離心」「正念相続」の修行です。筆と一体になり、雑念をまじえずに筆を動かして行けば、生きた澄んだ字になります。法理現前としていなければ、禅の書ではない道理です。これらの指導方法は的翁老師の独壇場のところだと思っています。

それと同時に、物を見る目、「鑑賞眼」を身につける大切さと必要性を、事あるごとに力説しておられました。私達はどうしても自分の尺度、価値観で物を見、考える習慣が身についています。しかし、それでは本当のところは見えない。「そういった価値観・尺度をすべて捨てなさい、何もない空の状態で相手に対すれば、相手の全てが見えてくる」、これが的翁老師のいわれる鑑賞眼なのです。坐禅の修行によって禅的体験が深まるにつれて、今まで見えなかったものが少しずつ見えてくるようになります。鑑賞眼が身につけば、過去の人の作品を見て、その人の境界の高さ、墨色の良否、線の生き死になどが人に教わることなく判るようになり、自分がどの人の境界をめざしていけば良いのか、修行の方向が見えて来ます。的翁老師の一番弟子であった山田研斎先生は、「鑑賞眼が自分を向上させる機関車です」と言っておられましたが、書を書きそれを見ることにより、自分の修行の過程を自分で点検出来る、修行者にとっては何よりの方法なのです。本当の鑑賞眼が身につけば、書に限らず、他の芸術・絵画・彫刻・音楽・人の動きなど、多岐にわたって理解を深められるのです。

戦後の混乱も凄まじいものがありましたが、現在の社会も、誰も規制をかけない便利さと、利潤の追求のみが優先される科学・技術の発達により、「依存症」と呼ばれ、心を見失い物に振り回されて無意味な人生を送っている人が、いかに多いことでしょうか。本人は自分がむなしい人生を送っていることに気づかない、なんともうらさびしい人間性喪失の様相を呈していますが、戦後の混乱とはまた違った意味で、上求菩提・下化衆生が求められる時代であると思います。

その意味で、今こそ的翁老師の「日常の世界で働く禅」が必要とされるのではないでしょうか。何よりもまず、自分の生きざまを再点検して、他に振り回されない自己を確立することが急務なのです。

生死事大
光陰可惜
時不待人
慎忽放逸

鉄舟禅会顧問　　　奥田直心　合掌

はじめに

むかしから禅は言説を離れたものだといわれている。「妙道は虚玄にして思議すべからず、言を忘れて旨を得」などということばもある。たしかにその通りだとおもう。けれども同時に逆にいえば、言説はその虚玄なる妙道の表現だ、ともいえるわけである。そこに「一字不説」の真理が八万四千の法門として展開し、五千四十余巻の経文を生み出した理由がある。ところが、もともと「虚玄にして思議すべからざる」道を表現した文字だから、文字そのものも「虚玄にして思議」し難い憾みがある。

そのうえ、仏典、禅籍は、その大部分が漢文で書かれているため、漢文力の低い現代人には容易には読みこなせないという不便が加重していて、いっそう始末を悪くしている。書いたり、しゃべったりするわれわれの方では、このぐらいのことは、とつい手を抜くくせがある。悪いことではあるが、それというのも相手を敬重する心からである。

本書も古禅籍の解述と講演とから成っている。講演の方から逆に読んでいただけば、あるいは理解が比較的に楽なのではないかとおもう。こんなものでも幸いに、禅心を育てる一助ともなり得るなら、筆者のよろこびはこのうえもない。

著者

昭和四十二年二月

目　次

I　臨済禅の将来

一　臨済禅の現状

人間というものは、いつでも何らかの課題を背負っているものである。その背負った課題を解決しようと努力することが人の生き甲斐だとすれば、それを自覚するとしないとにかかわりなく、課題のない人生というものはないといってよい。

畏友高山岩男博士に『場所的論理と呼応の原理』という名著があるが、その口ぶりを真似ていえば、人間の生きる〝所〟というものは、〝場〟と〝個〟との呼応的合一の境において成り立ち、そこで決定される。〝所〟を得るということはこの意味で人生の一大事であるが、それはただ単に〝個〟が勝手に選びとることのできるものでもなければ、そうかといって〝場〟から一方的に決定されるものでもない。『論語』の為政篇に「吾れ十有五にして学に志し、三十にして立ち、四十にして惑わず、五十にして天命を知る、六十にして耳順う、七十にして心の欲する所に従って矩を踰えず」という有名な一句がある。私の解するところによれば十有五にして学に志したのは、いわば「自己をはこびて万法を修証」するもので、〃個〃が任意に選択した立場である。五十知命は、その任意の選択と思われたものが、じつは〃場〃に呼びかけられたものであったことを自覚した、コペルニクス的転回だとみてよいとおもう。十五の志学以来、その立場で切磋琢磨してみたら、あにはからんや、それはじつは「万法すすみて自己を修証」してくれたのだったとわかったのがそれである。かくて人生五十にして初めて〃場〃と〃個〃との天人合一的呼応関係がうけがわれ、その〃所〃を得ることができたものとみてよいとおもう。

私どもの生きる〃場〃は、与えられたものとして既存の歴史的伝統の中にある。〃個〃ははじめからそのような〃場〃の中におかれてある。歴史的な与えられた〃場〃は、それ自身の中に課題を含んでいる。その課題は一つとして同じものはなく、したがってその解決もまた同一ということはない。そこに歴史というものの個性的な本質、つまり歴史の一回性があるわけである。

いやしくも禅の端クレでも噛ったものが、いまさらもっともらしくこんな初歩的な屁理屈をなぜこねるのか。それはいま臨済禅師を讃仰し、臨済に回れといおうとするとき、的々相承の正法眼蔵は古今唯一であり、師嗣心々不二ではあるが、その正法眼蔵を相承し展開する〃個〃の機用《はたらき》は必ずしも同一ではないといいたいからである。個々人のはたらきは、そのおかれた〃場〃である歴史的現実の呼びかけに応じた答えであり、負わされた課題の解決である以上、彼と此の異なるのがあたりまえである。一華五葉を開くどころか、一つの正法眼蔵が千葉万葉、無限微塵数の禅を展開してよいのである。しかも無限微塵数の禅は、無限の半径で描いた無限円の円心のように、おのおの異なりながらに同円を形成する。

臨済禅師は臨済禅師としてのおかれた〝場〟すなわち歴史的環境を対象として批判することによってその〝所〟を見いだし、伝統的な〝場〟の中に埋没してしまわないような独立独歩の禅を創造し展開したからこそ、臨済としての生けるしるしがあったとおもう。古人は「見、師と斉しければ師の半徳を減ず、見、師に過ぎて方に伝授するに堪えたり」といわれた。われわれがもし、自ら見《けん》、師に過ぎたりとうぬぼれるならば増上慢のそしりを免れないであろうが、しかし臨済宗祖の禅風を回顧し、それを将来に相続護持しようと欲するとき、その正法眼によって即今の歴史的環境を徹底批判することなく、ただ単に伝統的な〝場〟に埋めつくされてしまうならば、臨済の正法眼蔵は滅却しないまでも、白隠禅師のいわゆる「古廟裡の香炉」で、役立たずとなり果てるほかはないであろう。

二　臨済禅師、白隠禅師の歴史的背景

臨済禅師は周知のように寂年はほぼ明らかであるが、世寿も生年も詳らかでない。しかし、唐末から五代の分裂時代に入ろうとする前、すなわち武帝の会昌の仏教弾圧の時期を中心として、前に党錮の獄といわれる派閥抗争があり、後に黄巣の乱を控えた激動期に活躍されたとみるのが常識であろう。禅師の滅後四十年で唐朝は崩壊しているから、禅師の生きられた時代は、唐朝による旧秩序はす

でに退廃して末期的症状を呈し、収拾することのできない弛緩と混迷のさなかにあったとおもわれる。しかも新たな時代は切実に要望されながらも、すぐに期待できるような状態ではなかった。けれども五代の分裂時代に庶民文芸の発生が見られ、ついで起こった宋の初めには復古主義的傾向が盛んだったということは、禅師の生きた環境は窮すれば変じ、変ずれば通ずといった空気が濃厚だったのではなかったかと想像される。

いま日本に亡命中の胡蘭成《こらんせい》氏は、大学では歴史を専攻し、のち西洋哲学に傾倒したが、戦後、共産軍に追われ温州に亡命中、もっぱら仏典に心を潜めたという碩学である。彼は臨済禅の興起と黄巣の乱とは深い関連性のあることを指摘しているが、たしかに一つの見識だとおもう。いつの世でもそうだが一つの時代が行きづまり機構が緩《ゆる》んでくると、愚にもつかない処士の横議や無責任な傍観者的批判がやたらと多くなる。唐末にもそれがあった。自ら〝清流〟と称するインテリたちが、紊乱した綱紀や退廃した秩序の下積みにされて塗炭に苦しむ庶民の嘆きをよそに、屁のつっかい棒にもならないような清談空論に日を送って自ら高しとしていたという。それを憤った黄巣が「彼らが清流なら、おれは彼らを濁流にしてやろう」と、それら空論の徒八百万を捕えて謂川に投じ、そのため河の水が変色したといわれる。臨済が直指人心とか不立文字とかを強調したのは、このような時代の弊を衝いたものだと胡蘭成氏はいうのである。

いろいろな要因が複雑に錯綜している歴史的現実を、一面的に割りきることはもちろん危険であるが、この胡氏の見方はおもしろいとおもう。

南北朝から六朝を経て隋唐にいたる間に成り立ったといわれる天台、華厳、法相、三論などから密教におよぶ中国の仏教は、安禄山・史思明の反乱（七五五―七六三）を境として衰えを見せはじめたが、会昌の弾圧（八四五）があってからはほとんど壊滅に瀕したといわれる。その間にあって禅だけが脈々たる生気を放ち、逆にその頃からかえって勢いを盛り返したとさえいわれるのは、いったい何を物語るものであろうか。それらの仏教各宗がいわゆる理論仏教、あるいは仏教哲学として、一部支配層の教養か、または玩弄物と化し、やたらとややこしい理屈をこねるか、経典の文字の詮索にうき身をやつすかして、なんら人びとの現実の苦しみを解決するような努力もしなければ、そういう力量も失ってしまったとき、その無能力を衝き、その弊害を指摘して、端的率直に転迷開悟・安心立命の最短距離を示すものがあったとすれば、人びとが翕然《きゅうぜん》としてこれを支持するのは当然であろう。臨済の禅がとくに地方の新進気鋭の士に歓迎されたのは、まさしくそれだったとおもう。もちろん禅者といわれるものの中にも、よい加減な連中も決して少なくはなかったであろうことは、『臨済録』に「一般の好悪を識らざる禿奴あって、即ち東を指し西を劃し、晴を好み雨を好み、燈篭露柱を好む」とか、「瞎老禿奴、他の天下の人を惑乱すと言われん」などという、激しい罵倒のことばが随処に出てくるのをみても知られる。

臨済禅師の禅風の特長は、なんといっても、一切の外的な権威を否定し、すべての偶像を抹殺し、

「赤肉団上に一無位の真人」を見るところにあるとおもう。鈴木大拙博士のすぐれた研究に示されたように、臨済の〃人〃は、六祖慧能の〃見〃、荷沢神会の〃知〃、馬祖道一の〃用〃という禅思想史の当然の発展をふまえたものであることはいうまでもないが、同時にそれは人々本具、個々円成であるべき仏性を、ただ唯心論的に抽象化して天上はるかの彼方に羽化させてしまったり、やたらとむずかしい理屈を揃べて現実とかけ離れた理論地獄の中に堕落させてしまったものを、頂天立地の人間としてのあるべき本来の姿に立ち返らせたのだとみることもできるであろう。

人間が飲んだり食ったり、眠ったり生んだりの現実生活を営むのは、すべて〃赤肉団〃を通じてである。そのゆえにまた人間は一個の動物として、動物的な欲望や煩悩に悩まされもするのである。人間の社会に宗教や道徳などがあって、赤肉団のもつ動物的次元の行為を規制し、その浄化につとめるのはそのためである。そういうところに人間の人間たるゆえんのものがあることはいうまでもないが、その面だけを重くみてその全面解放を手放しで主張するのも正しくない。それは人間を動物の次元に止めておこうとするものである。そうかといってあまりに〃赤肉団〃を軽く扱い、あるいは無視することは、これまた肉体の門を全面開放するのと同じ地平の一面観である。ここに仏性を直きにこの糞袋の〃赤肉団〃に、体現、体証する臨済の禅が、千余年を経てなお健在なる理由が存するのだとおもう。

〃無位の真人〃とは、心身の対立を超えた渾心身の全人的活動の世界である。臨済の強調する〃真正の見解〃とは、その無位の真人を即今・目前・聴法底、すなわちいま・ここにおける、われの全人的なはたらきに見いだすことである。そして、いま・ここに・われが、全人的に絶対自由な自主的活動を展開することが、臨済禅における〃随処作主〃という行動原則である。臨済の正法眼蔵とは、このほかのどこにあるであろうか。

こういう臨済の禅は、彼自身「体究練磨して、一朝に自ら省」したところのものであり、決して「娘生下《にょうしょうげ》にして便ち会《え》する」つまり生まれながらに会得したものではないと強調しているにもかかわらず、どちらかといえばわれわれは本来的に生まれながらに悟りの性質をそなえているのだという、本覚的な傾向を顕著にもっているようにおもわれる。

臨済の禅は、わが国に入って白隠禅師の巨腕によって、白隠的に脱化したといえる。白隠禅師は、表面は安定したように見えながら、そのじつは飢饉、疫病、一揆などがつづき、やがて維新の胎動も聞かれようという時代に生きた人である。その頃、仏教は固定化して活力を失い、宗団は世間の俗風をまねてやたらと階級制度を強化することによって自らを守ろうとし、各本山は幕府の権勢に媚びてそのご用機関化し、禅門にもそのまま悟りや立ち枯れの「黙照の邪党」や「断無の瞎僧」が横行していた。それらの徒が、本覚の主旨を曲解して修行無用論さえ唱える始末だったので、白隠さんは極力始覚的な禅を鼓吹した。「衆生本来仏なり」（本覚）ゆえに「マカエンの禅定」を如法に修すれば「この身すなわち仏なり」と、初めて覚る（始覚）ことができるとしたのはそのゆえである。

これは決して臨済の禅を否定したのでもなければ、その正法眼蔵を滅却したのでもない。それどころか臨済の正法眼蔵を最も正しく、時代に即応した形で活現したものであるといってよい。

三　現代に処する使命

このように臨済・白隠の両祖師とも、一面には醇乎として醇な如来の正法眼蔵を的々に相承すると同時に、他面、歴史の呼びかけに応えて〃所〃を得た革新的な禅風を挙揚したものであることが知られる。それでは、われわれは、われわれの生きる現実をどのように把握し、どう対処したならば宗祖臨済、中興・白隠両禅師の正法眼蔵の相承者として恥なく、かつそれの新たな展開として〃所〃を得たものといえるであろうか。

まずこの複雑多岐な現代世界を、後世の史家がどのように特色づけるかということを考えてみると、おそらくは現代は科学技術革命の時代であり、そしてそれによってひき起こされた、全世界的な変化と激動の時代だと書くのではないかとおもわれる。

実際に人類は、いまや内外二つの課題を抱えて苦悶している。その一つは、科学技術革命の速度に人間の方がついてゆくことができず、したがってその成果を十分に使いこなせないことからくる悩み、いうところの人間喪失、人間疎外などの問題である。もう一つは、偉大な科学の知識と技術が生み出した原子力が戦争の道具に使われることによって、人類が絶滅の危機にさらされているという矛盾である。

前の問題を解決するものとしてマンパワーポリシイということが世界中で叫ばれ、日本でも数年前からその翻訳とおもわれる〝人つくり〟が政治の重要な項目になっている。いわゆる「期待される人間像」なども、その直接的近因はともあれ、根源的にはやはりここに縁由したものとみてよいとおもう。後の問題に対しては、原爆禁止の国民運動や政治運動が行なわれている。

けれども、たとえばマンパワーポリシイによって、高度の性能をもつ機械を手足のように使える技術者は養成できるとしても、それによって科学技術に対して人間の自由を回復し、機械や組織から主人公の地位を奪い還して、いわゆる人間の主体性をはたして挽回できるだろうか。さらにそのうえ、新しい文明や社会を創造する歴史転回の軸としての人間にまで、人間自身を高められるだろうか。はなはだ疑問だとおもう。原爆禁止運動も、しないよりはましといった程度のもので、あまり期待もできなければ高く評価するわけにもいかない。逆説的にいえば、原爆禁止運動がつづくかぎり、原爆の製造や実験が相手を威迫する力をもつことを証拠立てるものだとさえいえる。原爆それ自体にはなんの罪があるわけではない。原子力を殺人剣として戦争の道具に使うか、それとも活人刀として生産エネルギーに使うか、使う人間のあり方にこそ問題があるのだという点を深く反省してみる必要がありはしないだろうか。

そこで現在、人類が直面している内外二つの歴史的課題は、結局のところ一つの〝人間〟自体の問題に帰着するのである。迂遠のようだが、これに答える以外には根本的解決の途はない。

おもうに、人間には本能的な欲求として、生命の無拘束を求める一面と、安定を欲する一面とがある。無拘束の要求は自由の追求となり、安定を求めるには統一平等を必要とする。自由と平等と博愛とは、フランス革命以来の旗印であるが、近代人は肝心の博愛を教会の奥ふかくにおき忘れて、自由と平等だけを求めた傾向がある。近代的な〃閉じられた自己〃を基盤にして自由と平等だけを求めるかぎり、両者は相矛盾して、こちら立てればあちらが立たぬ関係におかれる。近代史上の葛藤は、多くここから胎生しているといってよい。

しかもルネサンス以後の西洋では、自由を外界の征服と利用とによって求めようとし、統一平等は〃閉じられた自己〃を単位としての結合に求めた。前者には知識を必要とし、後者には組織を不可欠とする。知識によって科学技術は長足の進歩をみせ、人類に幸福をもたらしたが、そのきわまるところついに悪魔的兵器を作り出した。組織によって一面には安定を得られたが、そのマンモス化するところ主客は所をかえて、人間は歯車の一齣《こま》になり下り完全に自己を失ってしまった。こうして近代人の得意の知識と組織とが、逆に近代人を虐殺しているといってよい。その虐殺犯人に救いを求めても、得られるわけはないのである。

そのうえさらに〃閉じられた自己〃が、判断を本質とする分別的知識で把握されるとき、当然の結果として抽象化と絶対化が行なわれる。近代的人間がロビンソン・クルソー的な純粋〃個人〃と、政治的イデオロギーに過ぎない〝階級〟人と、血において全一的人間を妄想する〝民族〟との三つに空中分解したのは、主としてそのためである。三者はその根底を〝閉じられた自己〟におくゆえに、三者とも自己絶対化の妄想に捉われ、互いに自己を主張して相争う。そのようなめしも食わず、くそも垂れないような抽象的亡霊や分裂的人間に、どうして歴史の軸となってこれを転回する力があり得ようか。

ここに即今・目前・聴法底のこの糞袋に、民族・階級・個人の三即一の具体的活人をみる、わが臨済禅の歴史的必然性がある。しかし自己を閉ざしてわが田のみに水を引くまい。東洋に伝承された具体的・全一的人間観をもつものすべてに広く門戸を開放しよう。神道、儒教、道教、回教、なんでもよい。〝開かれた自己〟を基盤とし、無我の立場に立つものは、百花の妍を競って歴史の要請に応えるべく出馬するがいい。われわれは老いたりといえども臨済の駒に白隠の鞍をおき、刺人を斃《たお》し来る底の禅の一本槍を提げて登場しよう。

四　進むべき方向

さてその戦略である。私一個の夢を描いて布陣するなら、「扶桑第一の毒華」たる豪宕無類の大燈の骨力で、「夢窓肩」に象徴される清楚優雅の夢窓の文化事業を行ないたい。

夢窓国師が七朝の帝師となったのを、名利を求め権門の塵を払ったとみるならば浅見もはなはだしい。骨肉相はむ両朝の対立を、高い次元で平和的に統一することこそ、国師一生の願いであり、その禅心の当然の発露であった。

国師は「国土を賑済し、干戈永く止め、朝野清平を楽しむ」ために、一国一カ寺の安国寺の建立を発願し、五十八カ国と壱岐・対馬の二島にこれを実現された。安国寺はその文字の示すように、激動する社会に不安と動揺を感じて苦悶する民衆に和らぎと安らいを与え、平和な生活のできるように導くところの、精神的・思想的運動の根拠地となるものであった。

安国寺には、必ず一基の利生塔が建てられた。ながい年月打ちつづいた戦乱に、非業の死をとげた多くの犠牲者の霊を慰めるとともに、仏法の原理を政治的に打ち出そうとするのがそのねらいであった。「今ここに六十余州の内、国毎に一基の塔を建てることは私家のためにあらず、仏法・王法同時に盛興するにあり」とは、康安元年、京都東山に八坂塔を再建されたときの、国師の慶讃のことばの一節である。

これらの事業に要する費用は、国師は権門から求めず、いわんや疲憊した民衆からも調達しなかった。世に天竜寺船といわれる外国貿易こそは、じつにその費用捻出のための営利事業だったのである。

このように政治・経済・社会・思想の各面に、わが夢窓国師は臨済の正法眼蔵を自由無礙に展開したのである。科学技術の進歩によって地球が縮少した現在、これらの事が世界的規模において行なわれないことはよもやあるまい。夢窓疎石一個のなし得たこと、あるいはなさんとしたことが、オール臨済打って一丸となって、はたしてできないであろうか。これをなし得ない臨済禅であるならば、あまりにも禅界無人、阿爺の正法眼蔵すでに滅却したりというほかはあるまい。

禅文化は大いに挙揚されなければならない。さりとて、いつまでも後を向いて古人の芸術品をひけらかしたり、祖録を日なたぼっこでシワ伸ししてばかりいてよいものではない。古人が不滅のいのちある作品を創作できたのに、おれにはなぜそれができないのか。祖録を超出する活句が、このおれにはどうして吐けないのか。一句天下を平げる底は、いまこそ最も必要なのに——。

禅〝学〟は、すべての禅学者が虚心に協力して、世界的禅学を開発すべきである。禅〝師〟は、禅堂に立てこもって一個半個のほんものを打ち出して、慧命の相続に他を顧るの暇なかるべきである。われとおもわん力量手腕あるものは、天竜寺船を経営して、仏教事業団を作り、禅界をして後顧の憂いなく、檀信徒に依存する必要なからしめたまえ。そのための財源は、寺の一つ二つ売り払ってもいいではないか。ご開山さまは莞爾として、我が意を得たりとほほえんで嘉納したまうであろう。

すべてにわたって末法的形式主義を打破し、萎微沈退した堕気を一掃し、はつらつとして活気に満ちた禅風を興起し、臨済・白隠両祖師の正法眼蔵を提げ、大燈の道骨で夢窓の事を行なうことによって世界史の呼びかけに応えるならば、臨済禅の将来はじつに洋々たるものありと私は確信する。

Ⅱ　自らを信ずる

――三祖の『信心銘』の思想――

一　『信心銘』の著作意図

『信心銘』はご承知のように、三祖僧璨禅師の作なのでまず作者の紹介をしておきましょう。僧璨禅師は釈尊から的々相承して第三十祖に当たる方ですが、『景徳伝燈録』によると、「何れの許《ところ》の人なるかを知らず」とありますので、一時はその実在を疑われたこともあるくらいですが、いまではその存在を否定するものはありません。「初め白衣を以て二祖に謁す」とあるところを見ると、白衣つまり在俗の生活から転じた人であることは明らかです。

伝燈録の第二十九祖慧可大師の条に「北斉の天平二年（五三五）に至り、一居士あり、年四十を踰ゆ、名氏を言わず、はじめ来つて礼を設けて師に問うて曰く云々」とあるのをみると、二祖慧可大師に参問したのは四十歳頃だったとみえます。

ただし北斉には天平という年号はないということなので年号は違うかも知れません。そのときの問答が有名な「弟子、身、風恙に纒る、請う和尚懺罪せよ」というのです。癩病か何か生まれつきの業病があって、それに悩まされていたとみえます。

二祖が「ではその罪業を取り除けてやるから、お前の苦しんでいる罪とやらをここに出してみるがいい」といわれたところ、伝燈録には「居士、良久して云く」とあって、その場でしばらく考えたのか、それとも一応引き下って考えたものかそのへんは判りませんが、結局「罪を取り出そうとおもって探してみましたが、こればかりはなんとしても持っては来られません」ということになりました。二祖は「われ汝のために懺罪しおわんぬ。よろしく仏法僧によって住すべし――罪業だとか懺悔だとか、そんなものがなければそれでよいのだ。今後本来罪障なし、という真理にのみよるがよい」とさとされました。三祖はそのとき「今日始めて知る罪性、内に在らず、外に在らず、中間に在らず、その心の如きも然り、仏法二なし」と悟ったと記されております。そこで剃髪して、名も師から僧璨とつけていただきました。師の法を嗣いだ後、舒州の皖公山に隠棲していましたが、周の武帝の仏法弾圧に会って「居るに常処なき」こと十余年に及んだとありますから、ずいぶん苦労されたことでしょう。隋の開皇十二年（五九二）に後に四祖となった道信が十四歳の年少で門に入ってまいりました。隋の煬帝の大業二年（六〇六）十月十五日、四衆のため心要を説いた後、大樹の下で合掌して立ったまま示寂されたと申します。鑑智禅師とは唐の玄宗皇帝の賜った諡《おくりな》です。

『信心銘』は四言で百四十六句、五百八十四字から成る韻文で、鈴木大拙博士は「堂々たる哲学詩」だといわれております。「信心」の心とは、仏心とか本来心とかいう心でしょうから、自心をもって自心を信じて疑わないのが信心の意味だとおもいます。

三祖がこれを作られた意図はどこにあったのかと申しますと、三祖の時代は達磨大師からまだそんなに多くの年も経ていないにかかわらず、その頃すでに教外別伝とか直指人心とかいうことの意味が錯り伝えられて、曲解するものが少なくなかったからだといわれます。三祖の時代にすでにそうなのですから、ましてや遠い将来、正しい眼の開かれていない連中が、不立文字などということをよい口実にして自分の不勉強をたなにあげ、仏祖の伝えた正しい真理によることなく、自分勝手の当て推量で文字をすて邪禅を修し、達磨大師の道統を失墜してしまうことを憂えて、三祖が『信心銘』を著わしたものだといわれます。

つまり、参禅学道するものが邪路に迷い込まないように、初心のうちから自心と仏心とが不二であり、衆生本来仏なりという確信をもつために著わしたといえるとおもいます。同時にまた、先にも申しましたように、三祖は武帝の弾圧に苦しまれた方ですから、当時の排仏論に対して、正しい仏法の真理を闡明《せんめい》することによって、これを啓蒙されようと意図された面もあったのではないかと存じます。

二　『信心銘』への導き

私は青年の頃、当時名古屋の出雲大社にいた千家尊建氏につれられて、金子白夢という牧師で禅をやっている人を訪問したことがありますが、そのとき、金子さんからその著『行の宗教』をいただきました。その『行の宗教』がじつは『信心銘』の講義なのです。金子さんは西洋哲学も深く勉強した人で、なかなかの名文家ですから、『行の宗教』は感銘を覚えながら読んだものです。

その『行の宗教』には『拈古』とか『夜塘水』などの文章がいたるところに引いてあるのをみますと、『信心銘』にはそのような公刊本が何種類か古くからあるものとみえますが、私は不勉強でこのたびこれを講ずるときもそれらはついに拝見しませんでした。『行の宗教』を久しぶりで読み返してみたのと、鈴木大拙博士の『禅の思想』にある略解をちょっとのぞいただけでした。

途中で、昨年でしたか其中堂の主人からいただいた勝平大喜老師の『信心銘閑話』を思い出して書棚から探し出して拝見しましたが、失礼ですがこれは明らかに金子さんの『行の宗教』の影響を非常に強く受けているように拝見したので、むしろ『行の宗教』だけを参照した方がよいと考えてやめました。

金子さんは若い頃、K市に住まれたそうですが、ある日、そこの師団の軍医部長だった森鷗外先生のお伴で、K市郊外の福聚山という寺に紫水という住職を訪ねたそうです。そしていろいろ話をしているうちに、紫水和尚から前住の人物評を聞いて興味を覚え、ただちにその山奥に隠居をしている前住を鷗外さんと二人で訪ねたのです。その前住は光万丈と呼ぶ九十以上の老僧だったそうです。静かな山道を庵に近づいて行くと、なんだか念仏のようなものを唱える声が幽《かす》かに流れてきました。禅僧が念仏とはおかしいとおもったが、確かにあばら屋の中から念仏の声らしきものが漏れてきます。

案内を乞うても応えがないので中に入ってみると、九十にしては少し若く見える小さな老人がしきりに何か口ずさんでいます。ことばをかけても返事がない。老僧は耳が聞えないと見えて、二人の来たのにも気づかないように、無心に何か唱えつづけている。

金子さんはそのように述べたあとで、次のように書いています。

老僧の顔には光が輝いて居る。声々これ光明、と云ったやうな感じがあたりに漂うて居る。先生も私も唯だもう一種の敬虔の念に打たれてぼんやり佇んで居る。能く聞くとどうしても念仏の声ではない。併しながらそれがまるで念仏のように和やかに融けて流れて居る。

こうして老僧と金子さんたちの間に筆談がはじまるのですが、このとき、唱えていた経文の意味をたずねると、老僧は満面に笑をたたえておもむろに「至道無難唯嫌揀択」の八字を記るされたのだそうです。金子さんはそれ以来、『信心銘』に親しんだのでした。

私はまた金子さんのこの話に興味を覚え、金子さんの含蓄ある文章とともに『信心銘』に引き込まれていったのです。人の世の出来事は何が縁になるか判らないものです。

光万丈という人はどういう和尚さんか存じませんが、九十を越えてなお山中でひとり静かに聖胎を長養し、間断なく念誦を怠らなかったとは、古人の道心にはただただ頭がさがります。

三　『信心銘』注釈

至道無難　唯嫌揀択

（至道は難きことなし　唯だ揀択《けんぢゃく》を嫌う）

至道とは至れる道、至極の大道ということですが、この道はいわゆる「馬を渡し、驢を渡す」ところの道で、いつでも、どこでも、だれでもに当てはまるところの万人に通ずる道であり、すべての存在の由るところの根源であります。至道はそのように一切存在の根源ですが、金子さんは「至道は否定の否定たる絶対肯定の境においてのみ把握すべき所のもの」だといっています。たしかにその通りだとおもいます。至道無難禅師の歌われたように「生きながら死人となりてなりはてて、思いのままにするわざぞよき」で、至道を体得するには、どうしても一度は心をも身をも投げ出して死にきってこなければならないとおもいます。自我を殺して大死一番してみると、そこにはじめていっさいの根源であり、万物がこれによる以外にないところの至道というものが味わえてまいります。そうなれば、至道を離れた何ものもないことが判ってまいりますから〃至道は難きことなし〃で、「思いのままに」するわざがすべて絶対行として肯定されます。まことに至道は雑作もないものだといわなければなりません。「道なるものはしばらくも離るべからず、離るべきは道にあらず」と儒家でいうゆえんです。したがってそれは絶対的なもので、そこにはなんらの相対、差別の分別心を容れる余地もありませんから「唯だ揀択を嫌う」で、選り好みをする必要はありません。少しでも取捨、憎愛といった分別心を起こして選り好みをすると、かえって至道から離れてしまいます。なんらの作為もなく飢えては食《くら》い、渇しては飲むという状態でおれば、おのずから道にかなうというのですから「無難」というほかはありません。ただ注意しなければならないのは、王陽明も謡っているように「飢え来って飯を喫し倦み来って眠る、只だこの修行玄にして更に玄なり」で、安易なそのままの悟りでは、欲望的自我の肯定になってしまって、決して至道にはいたり得ないということです。

但莫憎愛　洞然明白

（ただ憎愛なければ　洞然として明白《めいはく》なり）

至道は絶対的なもので選り好みの分別を許さないものだといっても、それはいわゆる汎神論的な個の独立を認めないものでもなければ、無差別平等のノッペラボーのことでもありません。「ただ揀択をきらう」ということは、決して差別を無視することではないのです。柳は緑、花は紅という差別はありながら、あれは憎い、これはかわいいと分別、愛憎の念を起こしさえしなければ、差別のままにからりとして揀択を超えることができるのです。

金子さんの『行の宗教』に霊楠祖翁という人のことばを引いてありますが、それによると、

人々本然ノ妙心、見得徹スルトキンバ則チワズカモ凡聖迷悟ノ憎愛スベキ有ルコトナシ。然モ又憎ムベキトキンバ則チ憎ミ、愛スベキトキンバ則チ愛ス。縁ニ任セテ転変シ機ニ随ツテ応化ス。

更ニソノ憎愛スル者ヲ見ズ。之ヲ憎愛ナクンバ洞然トシテ明白ナリト謂フ。

とあります。まことにハッキリとした解説だとおもいます。

要するに、自我があるから揀択し、憎愛の念を起こすのですから、その自我を殺し尽さなければ至道は手に入らぬわけで、その意味では至道は無難どころか大難といわざるを得ません。物を見、音を聞くとき、見るものと見られる対象、聞く主と聞かれる音とが対立することなく、渾然として一如の境にあればそれでよいのですが、そこにわずかでも異情を起こすと愛憎の揀択境に落ちてしまいます。

不生禅を唱導された盤珪禅師（一六二二―一六九三）が「此寺の外にて犬の声や、物売の声のするを、此説法の内に聞せられふとはなけれども、面々耳へ聞へまする。是不生心と申すものでござる。たとえば不生と申ものは、明かなる鏡のやうなものでござる。鏡といふ物は、我に何にでも移りたらば、見ようとは存ぜねども、何にでも鏡に向へば、其顔が移りませいでは叶はぬ。また其移る物をのけたらば、此鏡が見ますまいとは存ぜねども、取のければ鏡に移らぬが、不生の気と申す物でござる。何にてもあれかし、見ませう聞ませうと存じたる上にて、見聞いたす仏心ではござらん」と説法していますが、その見ましょう、聞きましょうと分別して見聞するのが、揀択の妄心というものだとおもいます。

そこで、

毫釐有差　天地懸隔

（毫釐《ごうり》も差あれば　天地はるかに隔たる）

というわけです。一寸の千分の一が一毫で、十毫が一釐だと申しますから、毫釐といえばきわめて微細な寸法のことです。その髪の毛一と筋にも足りない揀択の念の有る無しが、至道か邪道かという天地万里の開きを生じてしまいます。

欲得現前　莫存順逆

（現前を得んと欲せば　順逆を存することなかれ）

現前というのは目の前に現れることで「至道の現前」と解すべきでしょう。つまり至道そのものを体験したいとおもうならば、憎愛とか順逆とか、善悪とか、迷悟とか、自他とか、二つのものに対立し分裂する以前の境地にいなければならぬ、という意味だとおもいます。

違順相争　是為心病　不識玄旨　徒労念静

（違順相争う　これを心病となす　玄旨を識らずんば　徒らに念静《ねんじょう》を労す）

自分の心に違うものは憎んでこれを斥けようとし、自分の考えに合うものを愛してこれを得ようとするというのは避けがたい人情でしょう。しかし、そのように万事を自分を中心にして分別計較するのは至道とはおよそ縁の遠い話で、むしろ心の病といった方が当たっています。道元禅師のことばで表現すれば、そのようなのは「自己を運びて万法を修証する」というもので、自己本位の誤った考え方といわなければなりません。そういうものは、それがたとえ真理とおもわれるような見解や、仏見、法見でさえもが心病と申してよいのです。

揀択も順逆も違順も超えたものが至道（玄旨）本来の姿であることを知らないものは、心を静め念をなくそうとつとめること——いいかえれば、無念無想というような一種の心境によって至道に達しようと試みます。けれども、そのように動をきらって静を求めること自体がすでに相対的な考え方で、本当の解脱相でも動静一如の玄旨にかなうものでもないことを知らないことによるものです。むしろ逆にその「求心」を滅却することによって、玄旨に近づくことができるというべきでしょう。

円同大虚　無欠無餘　良由取捨　所以不如

（円なること大虚《たいこ》に同じ　欠くることなく餘ることなし　まことに取捨に由る　所以《ゆえ》に不如なり）

金子さんによると、詩人のシラーは「永遠は円なり」といっているそうですが、至道はこれを象徴すれば円陀々、孤迥々《けいけい》、円満無際というほかはないでしょう。それは大虚《おおぞら》の際《はて》しのないように、欠け目もなければ余分のところもないものです。まことに空漠として内も外もなく、一定の相《すがた》もなく、また際《はて》しもない大虚《おおぞら》こそ至道にたとえるに一番ふさわしいと存じます。至道は仏だといってあり余るものでもなければ、凡夫だからとて不足するでもありません。どこでも誰でも一杯一杯のものです。

しかるに、われわれは取捨の念があるから、過不足や増減を生じて如々《にょにょ》でなくなるのです。如とは華厳経に、「法界寂然を如と曰う」とあるように、心・境一如、事・理不二の不変不動の境ですが、それは結局至道の別名とみてよいとおもいます。したがって、もし欠くるなく、余るなく、取るなく、捨つるなければ、対立がおのずから解消して至道が寂然の相を現わしますが、その反対であれば不如の世界——すなわち、差別、揀択の妄念の状態を現ずるわけです。

莫逐有縁　勿住空忍　一種平懐　泯然自尽

（有縁を逐うことなかれ　空忍に住することなかれ　一種平懐なれば　泯然《みんねん》として自ら尽く）

至道なり如なりというものは、右のような次第ですから有縁——有為の諸縁、つまり是非とか善悪、あるいは色・声・香・味などの感覚の世界を縁として生じた差別の相を逐っては得られず、そうかといって自性なく実体もないような無為の空見をよしとする空忍（空認と見てよい）の深坑に住しても得られません。金子さんによると『信心銘拈古』という書物に、「須らくこれ塵労《じんろう》にも染まず、浄《じょう》妙《みょう》にも収めず、有縁空忍二つながら倶に透脱して方《まさ》に向上の事あることを知るべし」とあるそうですが、感覚の世界も、空の世界も一超に超出しなければ至道には達せられません。その有と空の二元の世界を超出して「一」の真実相に帰し、懐《おも》いを平常の境におけば二元相対の分別心はおのずから泯然として消え去ってしまいます。そうすると日常生活において万般の差別相に接し、是非善悪の群がり起こる中にはたらきながら、寸分も本性を昧《くら》まさず、至道の立場を踏みはずさず、いっさいが自然法爾の状態になり、歩々清風起こる底の清々しい世界に悠游することになります。

止動帰止　止更弥動　唯滞両辺　寧知一種

（動を止めて止に帰すれば　止さらに弥《いよい》よ動ず　ただ両辺に滞らば　なんぞ一種を知らんや）

ところが人は至道に達する手段として、心が動揺して分別を起こすことを嫌い、意識的に静止の状態にいようとします。その静めようとする意識が一つの妄念なのですから、心は静止するどころか、静めようとすればするほど動揺はかえって大きくなってまいります。というのは動と静との両辺を是認して、その一方だけを強調するからです。『拈古』に、

「動はこれ何物ぞ、静はこれ何物ぞ、両個有るべからず、この事は唯一無二」といい、また「殊に知らず、行住坐臥、見聞覚知、語黙動静、当体即ち真、無形無相、無朕無迹なることを。これ即ち動に動相なく、全体これ止、止は即ち静なり。然も無形無相、無朕無迹なりと雖も、明々歴々常に見聞覚知、語黙動用の処に在って光り燦々地、毫も昧まさず、此れ即ち静全く動なり」

とありますが、そのような動静一如のところがハッキリと判り、動静の二つをともに亡じてそのいずれにも滞りさえしなければ、至道という絶対的一者にお目にかかることができるのです。「一もまた守ること莫れ」と後に出てまいりますが、ここではまず両辺を事実の上で超出して、『拈古』の記者の申されるように一そのものに成りきることが肝要です。そうでなければ、動静の二元的対立の世界を超えたところの「一種」、つまり至道の本体など、とても知ることはできないでしょう。

一種不通　両処失功　遣有没有　従空背空

（一種通ぜざれば　両処に功を失す　有をやれば有を没し　空に従えば空に背く）

『夜塘水』に「一種とは何ぞや、所謂寂滅離相の道体、混沌未分、露柱懐胎の消息なり」とあります。寂滅離相というのですから、すべての形相をはなれた絶対無の世界のことでしょう。それが〃一種〃だというのです。「露柱懐胎」とは、電柱が妊娠するというのですから、これまたまったくあり得ない常識を越え、理知分別を絶した消息です。

その混沌として陰陽も分たず、われの生みの親である父母もまだ生まれ出ない以前の〃一種〃を体験し、絶対的一者にふれることができれば、一切時、一切処において左右ことごとく源に逢うで、触れるもの、触れる処すべて真ということになりますが、もしその〃一種〃を体験しないならば、動か静かのどちらかに停滞してしまって、自在なはたらき――功――を失ってしまいます。有を取り除こうとするとかえって有にとらわれ、空に執着すれば逆に空に反《そむ》くことになりますが、それは要するに有か空かの相対的な二見に執れたもので〃一種〃を体験しないからの謬見というほかはありません。

多言多慮　転不相応　絶言絶慮　無処不通

（多言多慮　うたた相応ぜず　絶言絶慮　処として通ぜずということなし）

このような一者の消息は、語れば語るほどその真実のものとは遠ざかってしまうもので、お釈迦さんでさえ一生の間、さんざんに法を説いて説きまくった末、最後に四十九年一字不説といわれたゆえんです。説かなかったのではなく、説けなかったのです。一言でも説けば、それ自体とははるかにかけはなれたものになってしまうからです。しかし一面、道というものは人々具足、箇々円成で、偏界かつて蔵さざるもので、どこにもかしこにも丸出しのものですから、渓声これ広長舌、山色あに清浄身にあらざらんやという消息もあるわけです。

それにはぜひとも一度は絶言絶慮の、ことばにも文字にも表現できない、いわゆる言語道断のところをくぐってこないといけません。そうすれば「処として通ぜずということなし」ということが、事実として体験されてまいりましょう。

帰根得旨　随照失宗　須臾返照　勝却前空
（根に帰すれば旨を得　照に随えば宗を失す　須臾も返照すれば　前空に勝却す）

絶言絶慮、寂滅無相の心源、すなわち至道が〝根〟ということになりましょうが、それは混沌未分、絶言絶慮の世界を体験することによって得られるもので、心外に真理を求め、眼耳舌身意などの六根所現の対境についてまわって、「照に随う」――心が外を照すだけで内を顧みることを忘れていたのでは「宗」すなわち根本的な真理である至道に反することになります。それでは、猫の年が来ても至道を体得できるものではありません。そこで、ホンの一瞬の間でもよいから回光返照して、自己の心源に立ちかえり、本来の面目に接すれば、そこには、有といえば絶対の有、空といえば絶対の空にふれることができるから、有の外に空を観ずるといったような、色に即しない抽象的な空観を乗り越える力があります。

「前空に勝却す」というのは、わかりにくいことばですが『夜塘水』にしたがって、色と空との対立観に立って、色相すなわち形のある存在の外に別に空を認めることを〃前空〃と解しておきましょう。そこで、ホンの瞬間でも外に向かっている眼を内に返し、自己を返照すれば、眼前に横たわるすべての存在は実体のあるものではなく、そのままで空であるという道理が体験的にわかるので、二元相対の世界を勝却——超越することができるのであります。

前空転変　皆由妄見　不用求真　唯須息見

（前空の転変は　みな妄見による　真を求むることを用いず　ただ須らく見をやむべし）

いま述べたような「前空」的な態度では真空に徹することは望めませんし、それに、そのような色・空対立のところにみられる有為転変の相は、真実の流動変化の姿ではなく顚倒夢想ともいうべきもので、ひとえに分別計較の妄見による所現であります。われわれはただその色といえば色に捉われ、空といえば空に縛ばられるといった対境に着する妄見を打破しさえすれば、色もなく空もない真実の無相の自己に直面できるのですから、別に外に向かって真理を追求する必要はありません。「言を尋ね語を逐うの解行を休すべし、須らく回光返照の退歩を学すべし」と道元禅師が坐禅儀でいわれたのは、この間の消息を申したのでしょう。

二見不住　慎莫追尋　纔有是非　紛然失心

（二見に住せず　慎んで追尋することなかれ　わずかに是非あれば　紛然として心を失す）

『拈提』には「尚ほ二見に住せずと言うも二見の人なり。若し二見なくば二見に住せずと言うべからず、しかあれば住・不住を離れて追はず、追はざる是を無為無事の道人と名づく」といっております。われわれはともすれば有無、色空、迷悟などの相対的な世界に陥りがちで、二見不住はいうべくしてむずかいことです。それというのも畢竟は是非善悪の念があるからで、そこに至道を体験するには道徳の世界をも乗り越えなければならないゆえんがあります。

二由一有　一亦莫守　一心不生　万法無咎

（二は一によってあり　一も亦た守ることなかれ　一心生ずれば　万法とがなし）

大拙先生は、この四句が全篇の骨子だといっています。あるいはそうかも知れません。二は申すまでもなく対立の世界ですが、主客、自他、有無などの対立は、その対立を可能にする根底があってこそはじめて成り立つもので、その根底が一なのです。それが至道なのですが、しかしその場合、一を固定して考えると、すでにそれは生命を失ってしまいます。そこで「一も亦た守ることなかれ」というわけです。たとえば、対立の概念を認識する「主体」といったようなものを考え、その主体を「一」として固定化して後生大事に守っていると、「一」は究極の原理にはちがいありませんが、それが「一」への執着となり一と多との相対を是認する妄見になってしまいます。そこに二つの世界を現出して、つねにその葛藤に悩まされなければならないことになります。趙州和尚が「万法一に帰す、一いずれの処にか帰す」といわれたのは、その一の固定化をいましめたものともみることができましょう。われわれは、ともすれば〝一〟の固定化に陥りがちで、無というものでもそれを実体的に考えると、固定化した動きのとれない死物になってしまいます。山岡鉄舟先生が、一刀流を究めてついにこれを無刀流とされたところにも、その辺の消息がうかがわれます。ゆえに『夜塘水』にも「直に所有の法相、当体無性なりと了ずるときんば、即ち法界虚空同時に銷殞して絲毫も閑影響を認むべからず」といい、「若し真を認めて一を守らば早くこれ二となる、四句百非果して蜂起せずということなし」といっております。

その一も守らざる「一心不生」の無著無住の世界においては「万法咎なし」で、万法は不生のままに柳は緑、花は紅で、一切時、一切処「事にふれ、縁に渉るもなんぞ過咎を得来らんや」というわけであります。一心不生といったところで、決して木か石のような無念無心でいることではありません。心はもともと無自性で固定した相もなければ、生滅などの対立も超えた絶対的なものです。そのような本来性のままにあることが〝不生〟の意味です。前に引用した盤珪禅師のことばのように、聞こうと思わないのに犬の声や物売りの声が聞えるという、その分別心のない状態で見たり聞いたりしているのが一心不生ということなのです。その捉われもなく、凝滞もないところの、動いて止らない一心不生の境においては、万法すなわちいっさいの存在は明鏡に写る映像のように山は高く聳え、川は低く流れ、柳は緑、花は紅、犬はワンワン、猫はニャンニャンで、すべて「咎」はないはずです。

無咎無法　不生不心　能由境滅　境逐能沈

（咎なければ法なし　生ぜざれば心ならず　能は境によって滅し　境は能を逐て沈む）

無法とは万法すなわちいっさいの存在が無くなったことではなく、それを自己に対する物として見ず、見る主と見られる客とが一体となり、二元対立の差がなくなったことです。そこには取捨憎愛の念がないから、当然万法をあるがままに、それ自体として受け取ることができるとおもいます。「不生不心」も対象を執着し分別する念が起こらなければ、心という名のつけようもないから、それは無いに等しい、無心というほかはないの意に解してもよいとおもいます。心・境が一体ならば、不生不心であるわけです。能は主観、境は客観、能と境は相互的なものですから、一方がなければ他方もなくなるのが当然です。能境の対立のないのが万法咎なしのところです。

臨済禅師に「四料揀」ということがあって、この主・客の関係を四つに分けていることはご承知だろうと存じます。境を奪って人を奪わず、人を奪って境を奪わず、人境ともに奪う、人境ともに奪わずの四つですが、「能は境によって滅し」というのは、人を奪って境を奪わざる境地、「境は能を逐て沈む」というのは境を奪って人を奪わぬことと解したらいかがでしょうか。西田幾多郎博士は、本居宣長のいわれた「物に行く道こそありけれ」というのが日本文化の特質だと書いておられますが、自己を空しうして客体や対象に入り込んで客観に成りきり、純客観に徹底することが、逆に真の自己を確立するゆえんでもあるわけです。道元禅師のことばで申せば、「身をも心をも放ち忘れて仏の家に投げ入れ」てしまうことが、「仏の方より行われ」ることになるわけです。

その反対に、客観を否定して純粋に主観になりきってしまうのが、「境は能を逐て沈む」立場で、いわゆる柳は緑を失し、花は紅を失う世界がそれであります。『拈提』の著者が「能を以て境に対すれば自己却って万法となり、境を以て心を証すれば万法進んで自己に契う。故に、花に在りては見る人なく、人に在っては棲む家なし」といっております。おもしろい表現です。いずれにしても、自己本来の面目の二表現であって、主客、能境は本来一つであるべきものだとおもいます。

それを次の段で、

境由能境　能由境能　欲知両段　元是一空

（境は能に由て境たり　能は境に由て能たり　両段を知らんと欲せば　元これ一空）

と、いっているわけです。

すなわち、前のところで能（主観）と境（客観）の沈滅について説いたものを、ここではそれが相互に関連し合うことによって成り立つものであることを説いています。ところで主客の両者が成り立つためには、そこに共通の地盤がなければなりません。その共通の地盤が「一空」であります。しかし一空と申したところで、そのような能境一致とでもいったような特別なものが、能境のほかにどこかにあるわけでもなければ、何もない空気のような断滅の空でもないことは、もはや説明を要しないことと存じます。一空とは至道をいい変えた替え名とみてもよいでしょう。

一空同両　　斉含万象　　不見精粗　　寧有偏党

（一空は両に同じ　ひとしく万象を含む　精粗を見ず　なんぞ偏党あらんや）

その「一空」なるものは能と境との両段のほかに別にあるのではなく、一空そのままがだたちに万象森羅たるこの現実の世界だというのです。いっさいを超越し、すべてを否定し、一物をも止めないところの「一空」の世界が、一物をも排せず、すべてを肯定し、いっさいを包容し、差別あり、矛盾あるままに「ひとしく万象を含」んでいるというのです。この世界は差別のままに一如だといわれるゆえんです。至道の至道たる面目は、ここにあるといってよいでしょう。したがって、そこには精だの粗だの、善だの悪だの、または仏だから清浄だとか、衆生だから粗末だといったような偏頗《へんぱ》や党類根性、総じて分別計較はなく、万里浩蕩として一塵をも止めない一如の世界があるばかりであります。

大道体寛　　無易無難　　小見狐疑　　転急転遅

（大道は体寛にして　易なく難なし　小見は狐疑す　うたた急なればうたたおそし）

至道がこんどは大道と名をかえて現われました。劈頭に「至道無難」とうたい出しましたが、そのように至道、あるいは大道の本体、われの実相というものは、時間空間を超えながらあらゆる歴史、すべての社会に己を現ずるもので、決して広狭とか難易とか局限できるものではありません。それは、いわゆる〝開かれた世界〟であって、決して自ら画するといったような〝閉じられた〟ものではありません。しかし、われわれは自分の短かい人生経験から、得てして、よしの髄から天井を覗く式に、自分ひとりの小さな見解に閉じこもって、その超絶的な大道を推し量ろうとしたり、心外に道を求めようとするから、「うたた急なればうたたおそし」で、追求すること急なれば急なるほどその体得はますますおくれ、大いに精進したつもりで逆に大道そのものとはいよいよかけ離れてしまうわけです。

執之失度　必入邪路　放之自然　体無去住

（之を執すれば度を失し　必ず邪路に入る　之を放てば自然《じねん》なり　体に去住なし）

至道とか大道とかいうものはそのように主客一如、能境不二の絶対境や、混沌未分の世界において承知すべきもので、もしそれを「小見」で分別して主の客の悟の迷のと、いずれかに拘泥したり執着したりすれば、必ずや度、すなわち程合いを失って邪路に入ってしまいます。度とは矩のことと解してよいでしょう。放つは、道元禅師のことばに「これを放てば手に充てり」とあるその放つであり、放下着の放とみてよいでしょう。どんなにりっぱな悟りでも、それに執着すればかえって邪路に入ってしまいますが、それに反して「これを放てば」自然にかない、勉めずして道に中り、おもわずして得るところの任運自在の消息が得られます。さてしからばいったい何を放つのでしょうか。『拈古』に「箇の什麽をか放たん。須らくこれ明眼の人にして始めて得べし。這裏、禅道仏法、奇特玄妙、一点も用不着、只これ打睡、分に随って普請し、択菜喫茶し説話してしばらくいんもに時を過す云々」とあります。〝放つ〟生活こそまさに禅的生涯というべきでしょう。こういうところに禅の深い味わいがあります。その何ものにも執われず、すべてを〝放つ〟たところが、「去住」のない至道の本「体」であるわけです。

任性合道　逍遥絶悩　繋念乖真　昏沈不好

（性に任ずれば道に合い　逍遥として悩を絶す　繋念すれば真に乖《そむ》き　昏沈なれば不好なり）

そのように「われ」を束縛するものは妄想や迷いはもとより、悟りといえどもこれを放下して、いっさいから解放されて持って生まれた本性のままに行動すると、永嘉大師の証道歌にあるように「本源自性の天真仏」が現われてまいります。そうなると、一挙手一投足が、巧まずして『中庸』にいわれる「性に従うこれを道という」ということになってまいります。自性天真の流露、それ以外に道があるわけではありません。『拈古』に「山に逢えば山に住み、水に逢えば水に棲む、臥す者は臥し、起つ者は起つ、声を願わず声を厭わず、色を好まず色に逆わず、月の水に浮ぶが如く、鏡の影を留むるに似たり」とありますが、その願わず厭わず、好まず逆わず、流れに随って性を任得すれば、優遊自適、その境遇に安んじて喜びもなくまた憂いもなく、如々として道に合して日々これ好日なることが可能であります。そこにわずかでも道に合しなければならぬというような外相に執着するような繋念があれば、それだけで心が散って「真にそむい」てしまいます。そして昏沈、つまり心がくらく沈んで、精神朦朧とし活力を失いますので、「好ましからず」というわけです。あるいは胸中に一物もないのが至道だなどと邪解して、昏沈のところで黙々と日を過すことを「不好」といったとみてもよいでしょう。

不好労神　何用疎親　欲趣一乗　勿悪六塵

（不好なれば神を労す　何ぞ疎親を用いん　一乗に趣かんと欲せば　六塵をにくむことなかれ）

「不好」といわれるような誤った見解をとっていると、いつもいたずらに心を疲らせるばかりで安んずることはあり得ません。なぜならば迷いを嫌い、悟りを求めるといった繫念がわずかでもあれば真実が失われ、そこに心が散漫になったり、昏沈したりするようになります。そうするとそこに好むものは親しみ、嫌やなものは疎んずるという分別による疎親が生ずるからです。人もし最上の法門（一乗すなわち至道）を味わおうと欲するなら、六塵をいみ嫌って、これを避けようとしてそれらと対立してはいけません。六塵とは眼耳鼻舌身意などの六根に対する色声香味蝕法の六つの外境のことです。われわれの六根が六境に対するとき、六境がわれわれの心を惑わしたり、煩悩を起こさせたりしますから、六境は一切煩悩の育ての親だという意味で、それを六塵というわけです。要するに感覚世界のこととおもえばよいでしょう。

六塵不悪　還同正覚　智者無為　愚人自縛

（六塵にくまざれば　還って正覚に同じ　智者は無為なり　愚人は自縛す）

われわれの直面する歴史的現実の世界を、そのあるがままに肯定することができれば、それは正覚、すなわち正しい自覚だといえましょう。『拈提』の記者が「春花散じ、夏杪《しょう》茂る、秋葉落ち、冬雪積む。時節因縁、時と共に露われ、万物変転、節に随って異る、喚んで六塵となすか、喚んで一乗となすか、これ一乗も趣向すべからず、六塵も安排すべからず」といっているように、一乗の正覚もほんとうに徹底してみれば、それは六塵に即したもので、六塵を悪《にく》まなければいっさいはあるがままにみな真だといえます。智者は道を外に求めませんから、自分の心の中の妄想を損し損して、心路を窮めて絶するの無為を尚《たっと》びますが、愚者はその反対で日に日に益することを好み、やたらと心の中に作為造作してガラクタ道具を増やし、その所得で自ら自分を縛ってにっちもさっちもいかないようにしている情けない有様なのです。

法無異法　妄自愛着　将心用心　豈非大錯

（法に異法なし　妄りに自ら愛着す　心をもって心を用う　あに大錯に非ずや）

「万象森羅、一法の所印なり」ということばがありますが、そのように万法——すべての存在はそれだけがひとりで在るものではなく、みな相寄り相扶け相互に依存し関わり合って存在するものですから、すべて一に帰するといってよいと存じます。しかしその一なるものは固定した実体があるわけではなく、なんらの姿、形もない無相のものであります。金剛経に「若し諸相は相に非ることを見れば、即ち如来を見ん」とあるように、是非好悪などの相のない無相の絶対的一者こそ、われわれの本来の面目なのです。それなのにわれわれは勝手に妄想妄見を起こし、差別の相を立て、愛着したり、嫌棄したりしてひとり相撲を取っているのです。古人は「尽十方界、沙門の全身」といっています。

いっさいが自己であり、自己以外に一法もないとすれば、そこに差別をしたり、愛憎を起こしたりしようはないわけではありませんか。

そこには「水鳥や、向こうの岸へすうぃすうぃ」といった古人の句のように、随在随所、みな真なりとみる無住無心の生活があるばかりです。それなのに何だとか彼だとか「心」を起こし「心」を用いようとするのは大錯――大まちがいのもとだというほかはありません。「心をもって心を用う」というのは、自分の帯をもって自分を持ち上げようとしたり、自分の眼で自分を見ようとするようなことを申したものとおもいます。

迷生寂乱　悟無好悪　一切二辺　良由斟酌

（迷えば寂乱を生じ　悟れば好悪なし　一切の二辺は　まことに斟酌による）

犬や猫が煩悶して自殺したという話は聞きません。その意味では迷いは人間にのみ許された特権だともいえましょう。しかし、迷いの世界に停滞しているのは人間ではあっても凡夫であって、それはまだ動物的・生物的境位にあるものというべきだとおもいます。それを超脱するところにこそ、ほんとうの人間のあり方があるわけです。

迷っている人は、寂と乱――静と動とか、あれかこれかといった二辺に漂って帰着するところを知りませんが、その迷いの根源を明らめ、それを断ち切った人にとっては一一天真、一一玄妙で、あれもよし、これもよし、すべては「在るべきよう」にあるもので、それぞれが当所に解脱して好悪の情に妨げられるものではありません。まことに二辺の対立は、すべてわれわれの自分中心の分別斟酌から起こります。

夢幻空華　何労把捉　得失是非　一時放却

（夢《む》幻《げん》空《くう》華《げ》　何ぞ把《は》捉《しゃく》に労せん　得失是非　一時に放却せよ）

本来のわれとか、真実の自己とかいうものは、有無相対の世界にはおりません。実相は無相でありま す。しかるに相対の世界の中に、何か実体的なものでもあるかのようにおもって求めてみても、それは夢まぼろしのようなもので具体的なものではありませんから、とても捉えられるものではありません。得失是非などの二辺も、すべてその夢幻空華でありますから、そのような妄情を後生大事に担ぎ回ることをやめ、すべてを一時に放却してしまうがよいのです。

むかし、厳陽尊者という人が、趙州和尚に向かって、「一物不将来の時如何――何一つないときは、どうしたらよいでしょうか」と質問したとき、趙州は「放下着――そんなものは捨ててしまえ」と答えたという有名な話が『従容録』にあります。われわれは「何も無い」というとき、その「無い」という大荷物を背負っていることに気づかないことが往々にあります。悟りかすとでも申しますか、洗濯物のそそぎ方が不十分だと、汚れは落ちたが石鹸の臭いがついたというようなことになります。

眼若不睡　諸夢自除　心若不異　万法一如

（眼もし睡らざれは　諸夢おのずから除く　心もし不異なれば　万法一如なり）

夢幻空華というものは、われわれが眠っているからこそ起こる現象であって、もし眠らなければ夢を見るわけはありません。凡と聖、迷と悟、善と悪というように、すべてを二つの相対するものと見る者は、心心異り、法法一如ならざる昏睡不覚の凡夫だというのです。「心もし異らざれば」というのは、諸仏の心と衆生の心とが一如であり、真と妄と二念なしという自覚のことで、臨済禅師は「心心不異なる、これを活祖と名づく」といわれております。諸仏の心とわれわれの心とが一つ心になり、妄想と正念とが二つではないと自覚できたら、その人は生き仏であるといわれるのです。たしかにその通りだとおもいます。それにはどうしても心の眼が覚めていることが必要です。たとえ皿のような大きな眼を開いていたところで、正見という心の眼が眠っていれば物が二つに見えます。それに反し正覚不睡で正見を得た人は、心を分別によって二つにすることなく、心心不異、法法一如ですから、万法は万法のままで一如だと受け取ることができるのであります。そうなれば『夜塘水』に「心、異らざれば則ち諸縁空寂、本来既に一物なし、花柳青紅に一任す、燕語鶯吟、尽くこれ道人の活計」とあるように、柳の緑、花の紅はもとより、燕のさえずるのも、鶯のホーホケキョも、みなみ仏の声と姿であり、またわが胸中の世界となってまいるわけです。

一如体玄　兀爾忘縁　万法斉観　帰復自然

（一如体玄なれば　兀爾《こつじ》として縁を忘ず　万法ひとしく観ずれは　帰復自然《じねん》なり）

一如の本体そのものは玄のまた玄で、言語分別のとうてい及ぶものではありません。兀爾とは不動の貌であり、縁とは心に映ずる外境のことです。われわれは千差万別の外界の事象に日々夜々接触しておりますが、その間、自分と外界とがピタリと一枚になっておれば、少しも外境に動かされることがありません。それを「兀爾として縁を忘ず」と申したので、一如の世界というものは、その意味でいっさいの所縁を絶した独立自全、絶対不動のものです。『夜塘水』の著者は「兀爾として縁を忘ず」ということを「錯って会して無心非想習定となすこと勿れ」と注意し、宏智禅師はこれを「事にふれずして知り、縁に対せずして照す」といっていると訓えております。それはまた「風定まって花なお落ち、鳥啼いて山更に幽なり」の世界だともいっております。

そのような一如の境から万法、すなわち有形無形いっさいの存在を「斉しく観ず」る——平等一如の体において観れば、そこにはもはや相対立する二相はなく、彼此の差別の跡も消え去って、すべてが分裂以前、判断以前のあるがままの根源の世界に安らいでいることが知られます。

それを「復帰自然《じねん》」と申したので、ここに自然というのは「自然法爾」の自然で、物があるがままにありながら、あるべき姿で安らいでいることです。

泯其所以　不可方比　止動無動　動止無止

（その所以を泯《みん》して　方比すべからず　動を止むるに動なく　止を動ずるに止なし）

「所以」は前の「忘縁」の縁、すなわち因縁と同じことだといわれます。したがって「その所以を泯する」というのは、万物が分裂以前に立ち帰った当体は、そのものがどうして出現したのかという出現のいわれ因縁を絶しているという意味だとおもいます。そこは一如の根源的世界ですから、すべての差別は当然にありません。「方比すべからず」、比較のしようもないというわけです。

そのようなところはいわゆる説似一物即不中で、なんと説明しても届きません。なぜなら、すべてが比倫を絶した絶対者だからです。いっさいであるとともに、いっさいでないものはその出生の原因を絶しています。したがってそこには動の止のという対立はありませんから、動くものを止めようとしても、止めるべき動がなく、止っているものを動かそうとしても、そこには動かすべき止がありません。動と止とが矛盾のままに一如しておりますから、別ないい方をすれば、それは動といえば絶対動、止といえば絶対止であるわけです。

そういうのが「帰復自然」の状態なのであります。

両既不成　一何有爾　究竟窮極　不存軌則

(両すでに成らず　一何ぞ爾《しか》ることあらん　究竟《くぎょう》窮極　軌則を存せず)

すでに動と止の二つがおのおの独自の対立者としては成り立たないとすれば、矛盾は矛盾のままに自己同一だというほかはありません。それならばその「一」とは？

趙州和尚もむかし「万法一に帰す、一いずれの所にか帰す」と問題を提起しています。三祖はきわめて明瞭に「一何ぞ爾ることあらん」――動止の二相が成り立たないところに、どうして別に一が成り立つか、といっています。『夜塘水』の著者は「畢竟如何ん、夕露朝霜分れて両と成る、杲日《こうじつ》天に当れば一もまた無し」と、いっています。凡にも任せず、聖にも任せず、そうかといって凡聖を超えた絶対にもさらに住せず、とでもいうことでしょうか。味わうべき句です。老子は「道の道とすべきは常道にあらず」と申しましたが、その口吻を真似れば、一の一と名づけられるようなものは、ほんとうの一ではない、ということになります。

その一も成り立たないところの理尽き、ことばもきわまった至極の境地、究極の立場には、こうしなければならぬとか、ああしなければいけないとかいう、他律的な規則などというものは何もありません。そこでは順もまた得たり、逆もまた得たり、エヘンと咳払いをするのも、パッと唾を吐くのも、腕を振うのも、立って歩くのも、ことごとくが法にかなっております。規則なくしていっさいを規則づけるとでもいうか、「究竟窮極」者の大用が現前して、孔子のいわゆる「心の欲する所にしたがって則を超えず」という、歩々絶対の一行三昧があるだけです。「水は明月に和して流れ、雲は清風に伴って散ずる」というほかはありません。

契心平等　所作倶息　狐疑浄尽　正信調直
（契心《かいしん》平等ならば　所作ともに息《や》む　狐疑浄尽すれば　正信調直《ちょうじき》なり）

前段に述べられた「究竟窮極」の世界は、我他彼是の差別を超えたそれ自らで完全な円成の世界、絶対平和の世界ですから、また当然、心が平等に契う、つまり心と心とが一つに溶《と》け合い、平等一如の真理と合一した世界でもあるわけです。そのような究竟窮極の世界を体得すれば、そこにはいっさいの人為的な所作《しわざ》であるとか、または作為的な私の計らいなどあろうはずがありません。すなわち「所作ともに息《や》む」わけです。いわゆる絶学無為の閑道人とは、そのような境地に逍遥する人のことだとおもいます。

『夜塘水』の著者はこの境を拈じて「語黙動静、綿々として間（断）なく、念々裏許（ここ）に在て念々つねに昧《くら》からず、所作、所為、悉くみな頓に息み、万境万差一時に坐断して、一々（本分に）転帰するところ、尽くこれ自己無作の妙用力なり」といっていますが、そのような無作の妙用の主体たる自己がすなわち仏であると決定して疑わないのが「正信」というものです。臨済禅師がしばしば呵責されたように、自己以外のところに向かって仏を求め、あの真理、この宗教と、まるで飼い主に見放された喪家《そうか》の犬のように他家の飯を漁《あさ》る信不及の徒こそ、狐疑するものというべきでしょう。疑いの念がまったくなくなって、一真実のみになったところには私の計らいなどあろうはずはなく、計らいや所作の尽きたところ、狐疑を容れる余地はないと存じます。そうなればわが心の本然の正信が事にふれ物に対して、邪ならず曲ならず、すべてあるがままのまっすぐな姿で接せられるようになります。「調直」というのは「三昧これを調直定という」とあるように、まっすぐに一筋に行って、少しも動揺しないことだとおもいます。

一切不留　無可記憶　虚明自照　不労心力

（一切留らざれば　記憶すべきなし　虚明自照《こめい》　心力を労せず）

このようにいっさいの疑いを浄化しつくして正信調直であるならば、外に真理の求むべきなく、また捨つるべきもなく、内に心の存すべきなく、また空ずべきもなく、三千世界は海中の泡《あわ》、一切賢聖は電払の如しとでもいうか、「一切留らざ」る一所不住の境にあって、「終日、動用の中に在りと雖も自然につねに無為の境に処す」というような、朝から晩までおもう存分に動きながら、みぢり動きもしないといった状態になり、したがって一事の記憶すべきものもなくなります。南台の安禅師はこの消息を「南台静座す一炉の香、終日凝然として万慮忘ず、これ心を息め妄想を除くにあらず、すべて事の思量すべきなきによる」と、いわれていると、仏頂国師の『弁注』にあります。

そのように顚倒妄想の迷いはもとよりのこと、仏見法見といわれる悟り臭い塵の一点もなくなれば、心はつねに虚であります。虚であれば当然清浄であるから明らかであり、したがってまた鏡の物を照らすように対象をあるがままに映じて余すところはありません。「虚で明で自然だ――絶対無の性格はこれで竭きている」と、大拙博士はいわれていますが、その通りにちがいありません。絶対無の境地で心が物を照らすから、すべて虚霊不昧で万事に煩いがありません。すなわち「心力を労せず」というゆえんであります。

非思量処　識情難測　真如法界　無他無自

（非思量のところ　識情はかりがたし　真如法界には　他もなく自もなし）

鈴木博士のいわゆる絶対無の世界、三祖のいわゆる虚明自照の天地は、とても思量分別の及ぶところではなく、また識情のはかり得るかぎりでもありません。ここに非思量というのは、思量しないということではなく、非の思量という意味です。有念でもなければ無心でもない、昏沈の不思量と散乱した思量とを、ともに超脱したところの絶対の思量のことです。『夜塘水』には「非の一字、高く眼を着けよ。直にこれ脱落也、殊絶也、不恁麽也、所以に排去の義に取るべからざる也、蓋し非思量処とは無揀択の至道にして、潜行密用、心力を労せざる穏密の田地なり」とあります。また「木人方に歌い、石女起て舞う」自己のない無心の消息だとも申しております。そして識情とは「細思量を識といい、粗思量を情と曰う」と注しております。

その識情のはかり得ない、また思量分別の及ばないところの、つねに自己創造をなしつつ展開してゆく絶対活動の世界すなわち真如法界は、いわゆる「森々たる万象、只一個の渾崙」ともいうべく、自なく他なき世界なのです。換言すれば自即他、他即自の自他一如の世界であります。それはまた他を摂取したまったく自一色の世界といってもよいでしょうし、他のみで自の片鱗も立しない世界と申しても差支えないでしょう。

真如というのは、すべての存在の本質ともいうべき絶対平等の理体のことであり、法界とは森羅万象を包合した世界のことと考えればよいと存じます。真如は即法界であり、法界は即真如でありま す。そこで古人は、「真如法界とは一心の惣名なり」などともいっております。

要急相応　　唯言不二　　不二皆同　　無不包容

（急に相応せんと要せば　唯だ不二という　不二なればみな同じ　包容せずということなし）

しかし「他なく自なし」ということは、決してノッペラボーの無差別の一ではありません。それはすでにずっと前に「一もまた守ることなかれ」とあったのをみても明らかです。自は自、他は他という厳然たる差別がありながら、そのままで「不二」だというのです。まったくの一つなら、二ならずということば自体が無意味になります。一にして一ならぬところが不二というものでしょう。

不二ということはまた「諸仏と衆生と覿体不二」ということだと『夜塘水』の注にあります。「箇の成仏と説くもこれ剰語なり、ただこれ急に相応せんことを要す」とありまして、「急」という文字はいそぐことを意味してはおりません。仏頂国師も「悟てのち成仏すというは不二の大道に非ず」と『弁注』で述べられておりますように、二にして不二、不二にして二という事実を直下に体得するとでもいうか、その場でそのまま一超直入的に体験することが「急」の意味のようです。

法華経の方便品に「唯此の一事実のみなり、余の二は即ち真に非ず」とありますが、不二とはその「二なくまた三なき」ところの唯一乗の法である一事実を指しているのですから、「不二なればみな同じ」といわれたのです。すでに「同」なれば、もちろん包容するの、されるのという沙汰もないわけで、すべては「同」の世界のものであることは、いうまでもありません。ただここで注意しなければならないことは、意識的に「相応せん」とすれば、求めるものと、求められるものとが、かえって二つになってしまうという点です。そこに「ただ不二」という理由があるわけでしょう。

十方智者　皆入此宗　宗非促延　一念万年

（十方の智者　みなこの宗に入る　宗は促延にあらず　一念万年なり）

「この宗」とは万事万物の当然に帰着するところの根源的な真理のことで、結局は心のことであり、至道のことであり、直接的には前節に出た不二の当体のことでもあります。天は高く地は低く、山は青く花は紅に、天地間のありとあらゆるものはみな自受用三昧に安住しており、「同」の世界に安らいでおり、またすべての川が海に流れ入るように不二の法門に集まり注いでおります。三世の諸仏も、十方の賢聖も、歴代の祖師も「この宗」に入らないものは一人もありません。否、入るというのもすでに蛇足で、元来が「この宗」の人なので、出るも入るもなくはじめからそこにいるのです。

「この宗」は促（短い）とか延（長い）とかの時間的に制限されるものではありません。「促《ちぢめ》て一念となすもこれ短に非ず」、なぜならば、一念はすなわち無量劫であるから――。また「延て万年となすもこれ長きに非ず」すなわち永遠は唯一念であるから――。「一念」とは、心にものを思うホンの瞬間のことですが、万年という長時間も「十世古今始終、当念を離れず」で、そのホンの瞬間のただいまの一念の中に納ってしまうのです。ということは、ただいまの一念の時間を超えた絶対性を示しておるものといえましょう。そのように、「この宗」はじつに「無始無終、無有辺不可量」のものであり、時間を超えて逆に一切の時間がそこから生ずる根源だともいうべきでありましょう。

無在不在　　十方目前　　極小同大　　忘絶境界　　極大同小　　不見辺表

（在と不在となく　十方目前　極小は大に同じ　境界を忘絶す　極大は小に同じ　辺表を見ず）

いま「この宗」と呼んだところの真理――すなわち至道は、ただ時間的に見て「一念万年」といわれるような絶対的な時間であるばかりではなく、空間的にいってもまたここだけにあってかしこにはないとか、彼方にはあるが此方にはないなどという、制限のあるものではありません。東西南北、どこにでも充満しておるものであり、しかもいま、われわれの眼前のここにあるものであります。それは「無辺の刹境、自他毫端を隔てず」というか、「当処を離れず常に湛然」というか、一念頭に数万年の長時間が含まれているのと同じように、十方の世界が現にいま目前のここに展開しているのです。十方はすなわち目前、目前はすなわち十方であるといってよいとおもいます。空間をそのような絶対空間としてつかまえれば、そこにはもはや、大小、広狭というような二元対立の「境界」や「辺表」などという、へりきりや境い目というものは全然ありません。つまり「この宗」は時間的にも空間的にも一切の限定を超えたところにあるわけです。

『維摩経』によると、むかし維摩居士は不思議解脱の力を発揮して三万二千の多人数を四畳半の室に請じ入れ、しかも八万四千由旬（一由旬は約七千メートル）の高さの椅子をその一人一人に提供したと申します。舎利弗がビックリして、どうしてこんなことができるのですかと質問すると維摩居士は、それは不思議解脱の力である、この法門を体得したものは須弥山を芥子粒の中に容れることができる、それはあらゆる事物を不二として受け取るところの空観によるからだと答えておりますが、たとえば、そのようなのが境界を忘絶し、辺表を見ない至道の世界だとおもいます。

有即是無　無即是有　若不如此　必不須守

（有は即ち是れ無　無は即ち是れ有　もしかくの如くならざれば　必ず守ることをもちいざれ）

そこにはまた有だの、無だのという対立もありません。普通は有というときは無に対しての有であり、無も有ということがあるからこその無で、有無は相対的のものと考えられております。しかし、有に対する無や、無に対する有はいずれも本当のものではありません。『無門関』に「虚無の会をなすことなかれ、有無の会をなすことなかれ」とありますが、そのような有無の対立や虚無の妄識を絶したほんとうの有無円融即一の境にいたれば、有といえば絶対の有、無といえば絶対の無ですから、有を指して無と呼んでもよければ、無を呼んで有だといってもいっこう差支えないわけです。もしそのような有を絶し無を忘れ、語黙をはなれ、前後際断した境地にいたらないならば、いかに巧みに論じてみたところで、それはしょせん目くらの垣のぞきで外道の見というほかはありません。そのようなところには活々とした生命の躍動もなければ、宗教の真理もあるものではありません。すなわち「もしかくの如くならざれば、必ず守ることをもちいざれ」といって、そうでないものを否定しているゆえんであります。

一即一切　一切即一　但能如是　何慮不畢

（一即一切　一切即一　但だよくかくの如くならば　何ぞ不畢《ふひつ》を慮らん）

『碧巌録』の第五則に「雪峰、衆に示して云く、尽大地撮《さつ》し来るに粟米粒の大きさの如し、面前に拋向す、漆桶《しっつう》不会、鼓を打って普請して看よ」とあります。全宇宙をひとつまみにしてみると、米一粒だというのです。これを汎神論的に一即全、全即一と解すると、一がそっくりそのまま一切であるとか、または一が一切の上に現われるということになって禅の本旨に遠ざかります。これはそうではなく華厳の事々無礙の世界としてみるべきものでしょう。一は全宇宙を包含した全的一で、欠くるなく余すなき自己完了的な一であります。そのような全体的一が、他の全体的一と相対して融通無礙なのが事々無礙の世界でありまして、したがって一は同時に他のすべてであり、一切でもあるわけです。一即一切は、そのようにみるべきでしょう。これまでに「不二なれば皆同じ、包容せずということなし」とか、「極大は小に同じ」とか、有即無とか、さまざまに表現してきたのも結局はこの一即一切、一切即一の道理を示したものです。こういう見方がほんとうに理解されてくれれば、そこにまだ了畢しない何ものかや、徹底しないことがあるでしょうか。決してありません。すべてが円《まど》らかに溶けあって、融通無礙に回互し円転しているのです。仏頂国師はここの「如是という二字、大に巴鼻あり」といわれておりますが、一即一切、一切即一の道理がのみ込めれば、そこは唯仏与仏の世界というか、柳は緑、花は紅のままで絶対者と絶対者が相対する趣きがあり、大黒柱と石臼とが如是に着衣喫飯、進退動静している消息が会得されるといってよいでしょう。

このように、すべての相対的なものが一如不二に円融する道理が素直に受け容れられ、その道理のままに日常の行為をし、また修行すれば「何ぞ不畢《ふひつ》を慮らん」で、修行の不了畢すなわち未熟を憂いる必要はもうとうありません。

信心不二　不二信心　言語道断　非去来今

（信心不二　不二信心　言語道断　去来今にあらず）

仏頂国師は「人々具足の心法は、生仏一体なることを悟て、実に疑はざる、これを心を信ずるという」といい、鈴木大拙博士は「一即一切、一切即一」の事実経験そのものの当体を「信」とし、その信は心である、としております。われわれの心が信を起こし、そして究極のところついにわが本心を信ずるにいたり、能悟の信と、所悟の心とが一致し、信ぜられる対象と、信ずる心とが相対立する二つのものでないことが理解されて、悟了同未悟の田地にいたったのが信心不二ということだと、仏頂国師は『弁注』に述べておられます。そのような信と心とが絶対円融一如して信ぜられる対象が、じつはそのまま信ずるわが心であったと自覚され、全自己が信心そのものとなって一分の欠《か》けめもない心境こそ『信心銘』一篇の眼目であろうと存じます。そしてこの身すなわち仏なりと信得及し、狐疑浄尽したところが不二信心の世界でありましょう。この信心不二、不二信心の世界は、絶対境であり不可得の境地ですから、一切の言語や文字もこれを表現する方法はないものです。したがってそこには過去もなく、未来もなく、また現在もないのです。時間的に去来今でないばかりでなく、その裏には空間的に在も不在もないことも当然含まれているわけです。かくいえば、五百八十四字の言語を並べ立ててきた三祖大師もとんでもない自縄自縛に陥るわけですが、大師は三十棒はもとより地獄に入ること矢のごとくであるのも覚悟の上で、止むに止まれぬ大悲涙を絞ってこの一篇を頌《しょう》したものでありましょう。

さてそれでは『信心銘』五百八十四字を一貫する思想は何かと申しますと、鈴木博士は「二は一に由てあり、一もまた守ること莫れ」というところにあるといわれています。たしかにその通りだと存じます。有無とか色空などの二は絶対的一に由てあることは何人にも理解しやすい道理ですが、「一もまた守ること莫れ」となるとなかなか理解しにくいようです。けれども禅修行の骨子は、その一もまた守ること莫れにあると申してもよいとおもいます。

それは別なことばで申せば「正念相続」ということになりましょう。こういうと、相続すべき「正念」というものがあるようにも受け取られますが、正念はすなわち無念であります。無念とは、「一もまた守」らない境地であること、申すまでもありません。

もっともその守ること莫れという「一」は、一を得た上のことであって、まだ有無の二辺に停滞し、その葛藤に悩まされているわれわれとしては、まずその一を承知することが先決でしょう。絶体の一をどうして体得するか、『信心銘』の体読色読は、その辺からはじめるべきことを強調して擱筆することにします。

Ⅲ　坐るとは

―『坐禅儀』は示す―

一　坐禅とは

これから『坐禅儀』について、できれば天台の『小止観』なども織り交ぜて、少しく文字の講釈をしてみようかとおもいます。『坐禅儀』は『四部録』や『一鹹味』に載っておりますが、その出所は『百丈清規』ではないかと存じます。しかしその作者は不明とされておりますが、いろいろの書入本や、神保如天氏の『禅学辞典』などによれば、真定府供済院の住持、慈覚大師、長蘆宗賾の撰になるもののようです。『勅修百丈清規』の資料の一つになった『崇寧清規』の作者が慈覚大師であるところからみても、それはうなずかれる説だとおもいます。慈覚大師は長蘆応夫の弟子で、例の『碧巌録』雪竇重顕禅師の法孫にあたる方であります。

さて、まず『坐禅儀』の坐禅ということばの説明からはじめますと、なんといっても『六祖壇経』に「外、一切善悪の境界において心念を起こさざるを名づけて坐と為し、内、自性を見て動ぜざるを名づけて禅と為す」とあるのが頭に浮かびます。このように解しますと「坐」ということがまったく精神的なものになって、身体だけがただつくねんと坐っていたのでは「坐」とはいえないことになります。その代わり少々極端ないい方をすれば、たとえ寝ていても雑念妄想を起こさなければそれはりっぱに「坐」だといえることになります。ギリギリの第一義からいえば、もちろんその通りです。ではありますが、ここではもう少し下ったところで常識的な解釈を施してみることにいたしましょう。『十部録』に、町元呑空師の評唱がありますが、それには次のように書かれております。

坐は行住坐臥の四威儀の中の一、禅は壇戒忍進禅慧の六波羅蜜の一なり。禅とはつまびらかには禅那という。印度の語なり。支那に静慮と翻訳す。いわゆる定てのち静かに、静かにしてのち能く安んじ、安うしてのち能く慮るの意なり。果たして然らば前四、後一（この一は六の誤植かとおもいます）みな静慮より出で、静慮を以て保存す、故に禅宗においては禅を以て六度を兼るというなり。この禅を修養するには、即ち坐法を以て適当となす。所以にこれを修行の正則となす。然り而うして、行には経行の法あり、住には日用語黙微細の威儀あり、臥には獅子臥法等ありて助道を成す。故に禅宗においては四威儀中の一禅定という。然り而して物に本末あり、事に終始あり、先後する所を知れば則ち道に近し。学者よろしく能く静慮すべし。

「坐」をこのように、行住坐臥の四威儀の中の一つだと見るのも悪くないとおもいます。むしろその方が初心者には判りよいでしょう。つまり「坐」を身体を調える方法として肉体的に見るわけです。そして「禅」を心を調える精神面とし、その結果として心が統一されて「定」が実現するわけです。定のはたらきが「慧」だろうとおもいます。その関係をもう少しくわしく述べてみましょう。

これは一種の段階的な見方で、禅本来の立場からいえばあまりにも分析的だという批判もありましょうが、しかし素人、ことに近代の人びとにはこういった仕方が受け入れられやすいのではないかと存じます。坐、禅、定、慧というふうに深化してゆく形で見るわけで、古人にも必ずしもこういう見方をした人がないでもありません。

まず「坐」ですが、これはいまも申しましたように、身体を調え、姿勢を正しくして坐ることです。その具体的な仕方は本文のところで申しあげることにいたします。

次は「禅」ですが、これは町元師もいわれたようにインドのことばでジャーナ(Dhyāna)といいます。その音に近いので禅の字を当てたもので禅那とも書き、静慮と漢訳しております。読んで字のごとく「静かに慮る」あるいは「慮りを静かにする」ことですが、それでは禅の本旨に少し違うのでうまい訳ではないようです。せっかく静慮という訳がありながらそれが用いられず、禅で一般に通っているのは必ずしも原語を尊重する意味はかりでなく、むしろ適訳でないからでしょう。しかし禅とは心を統一し、または統一しつつあることですから、静慮も「静かに考える」ということではなく、われわれの念慮が意馬心猿ということばの示すように、それからそれへと連想を呼び起こして飛び回り、その行き先も判らぬほどに転々として行くのを静めることと解すれば、あながち当たらぬこともないとおもいます。

禅を行じた結果、心が統一し、安定した状態が「定」であります。インドのことばで、サマーディ(Samādhi)と申しますが、その音を写して三昧と書きます。漢訳して等持、正定、正受、不受などたくさんの訳があります。「定」にも無想定とか滅尽定とか、いろいろあるといわれますが、そんな説明をしているとかえってややこしくなって判りにくいので、端的に申して「定」とは乱れ騒ぐ念慮を静めて安定させる、つまり心が集中統一しきった状態とみればよいとおもいます。

正受というのは「正しく受ける」ですから、白に対すれば白、赤を見れば赤と正しく受けることです。対象そのままの姿を持っているというので「等しく持つ」すなわち等持とも訳するわけです。しかも正受にしても、等持にしても、受けるものと受けられるもの、持つものと持たれるものというように二元相対になれば、それはすでに等持でも正受でもないわけです。白いものに対すれば白になりきってしまい、赤いものを見れば赤が自己であり自己が赤であるような一枚のものになりきってしまうのが「正受」、すなわち三昧ということです。したがってそれは「あたかも両鏡相対して中心一点の影像なし」と、表現されるような状態ですから、受けるの受けられるのという沙汰がないので、これを「不受」というわけです。こう考えてまいりますと、分けていえば禅を修して到達した所が三昧すなわち定だということになりますが、それを一つにして禅定と申すのであります。

「定」は読んで字のごとく定まった状態で、天台でいえば「止」にあたるとおもいます。しかし、ただ心を一カ所に止め定めた止定の状態だけでは、いわゆる寂静不動の立枯れ禅で、白隠さんのいわゆる「毒海に堕在す」るところの死物になってしまいます。どうしてもそこに生き生きと動き出してくるものがなければ本物ではありません。天台ではそのはたらきを「観」と申します。止の統一状態、三昧境から活動的な世界を「観」るのがそれであります。その場合はじめて「止」「定」に入る以前の常識的な世界の見方が誤りであって、じつは般若心経にいうように顚倒夢想すなわちさかさまに見ていたのだということが知られます。そういう意味ではこの「観」は、定以前の立場を否定して、世界を覚の立場から再認識するものだといってもよいでありましょう。この定の光、三昧の境からこの世を照らし観るはたらきを「慧」と申します。「慧」は定によって得るわけで、分けて申せば定が先で慧が後ですが、一つにしていえば天台で「止観」というように、わが禅門では「定慧」と申します。定慧円明などということばもあって、定は必ず慧を発し、慧は必ず定に基礎づけられていなければならないものです。そして両者がいずれにも片寄らないように、円に融《まどか》け合《と》って明らかでなければなりません。そうでないものはただの世間智であって、決して慧とは申しません。定あって慧の伴わないのは、ただいたずらに空寂の世界に滞って妙用がないので、これを真定というわけにはまいりません。六祖大師が「ただ見性を論じて禅定解脱を論ぜず」といわれた禅定とは、そのような慧の妙用の発しない枯坐、死に坐禅のことであろうと存じます。六祖大師は「智慧を以て観照し一切の法において不取不捨、即ちこれ見性成仏の道なり」といわれておるのであります。

二　坐に入る前の心がまえ

夫れ学般若の菩薩は、先ず当《ま》さに大悲心を起し、弘誓願《くせいがん》を発し、精《くわ》しく三昧を修し、誓って衆生を度し、一身のために独り解脱を求めざるべきのみ。

まずこの第一段階では、坐禅を修行しようとする者のために、根本的な心構えを説いております。最初に文字の解説をしておきましょう。「学般若の菩薩」とある般若とは、プラジュニャー(Prajñā)の音を写したもので、漢訳して「智恵」と申します。人びとが生まれつきもっている霊智のことで、分別智といわれる分析的な相対的な知識のことでもなければ、いわゆる世智弁才などという世間的な智恵のことでもありません。菩薩とはボーディサットヴァ(bodhi-sattve)で、覚有情とか大心の衆生とか訳しまして、智恵と慈悲とを兼ね備え、自利と利他とを円満に具足した大士のことだと申します。したがって「学般若の菩薩」といえば、仏と同じような智恵を磨き、真理を体得すべく禅を修行するところの大丈夫ということになるとおもいます。

禅を学ぼうとする人びとは「先ず当さに大悲心を起し、弘誓願を発」することを前提といたします。生きとし生けるものの生きる苦しみを、なんとかして救おうとする大慈悲心を振い起こし、八万四千もあるといわれる数限りないところの教えを学びつくし、この上ない真理である仏道を必ず成就しようという大願心を憤発しなければ、とても禅の修行は成しとげられないというのです。近ごろ世間では禅が流行しているようだから、ちょっと参考のためにやってみようとか、ノイローゼを治療するために一二カ月坐ってみようなどという、浅薄な心がけではいかん、と申されるのです。

そのような大願心のもとに「精《くわ》しく三昧を修」すべきであって、それはあくまでも一仏成道観見法界草木国土悉皆成仏といわれるような、自他一如にいっさいの「衆生を度」するための修行であって、決して自分だけ苦悩を免れ、済度されればよいというような、「一身のために独り解脱を求め」るものであってはならないのであります。

これは一見、あまりにも厳格に過ぎるようにもおもわれますが、「初発心時、便成正覚」という道理もあり、このくらいに厳しく初発心を正さなければ道の成就はおぼつかないものとおもいます。たしか『葉隠』の中に石田一鼎の訓えとして書かれていたと記憶しますが、十有五にして学に志し、それから後に修行して聖人になるのではない、十有五にして学に志すそのこと自体が聖人なのだ、といわれていたように覚えています。まことに味わうべきことばであります。『言志録』だったかにも、志が立てば、すでに道は半ば成就したようなものだ、という意味のことばもあったかと存じます。古来の学道はすべて志を立てることを厳しく指導しておりますが、それは古聖賢の深い洞察と体験から生まれた教訓だと存じます。

『止観』にも「行者が初めて坐禅を学し、十方三世に光被すべき仏法を修そうとするには、まず大誓願を発しなければならぬ」と、説かれております。通俗的によく譬えられるように、弓を射るには的がなければなりません。いわんや人間の大道を学ぼうとするのに、誓願なくしてかなわぬことは当然であります。

ここでとくに注目すべきは「学般若の菩薩は、当に大悲心を起こし」とある点です。般若の智恵が単に智恵としてだけのものに止るならば、それは偏枯に陥って羅漢の境涯と同じく「独り解脱を求める」だけのものに終わりましょう。天地同根、万物一体と徹見した智恵が本物であるならば、必ずそれは無縁の大慈として衆生済度の行為に発しなければならないはずです。無縁の大慈として発しない智恵は、必ずにせものであるに相違ありません。智・悲一如であってこそ、初めて菩薩の境涯と申せるのです。いわゆる仏国土の因縁、菩薩の威儀とは、その辺の消息をいったものとおもいます。

それにはつねに「弘誓願を発し」、四つの願輪に鞭うつべきでしょう。四句の誓願のことは申すまでもないことですが、一つは衆生無辺誓願度ということです。これは四諦の法門に当てはめると、苦諦を対象としたものだといわれます。無量無辺の生きとし生けるものは、ことごとくが生老病死の苦悶にのたうっております。これらの苦衆生を残らず救い尽くそうというのが第一の誓願であります。二つには煩悩無尽誓願断です。これは集諦を対象とします。衆生の苦悩の原因は渇愛であり欲望であり、しょせんは無明による煩悩であります。その苦しみの根本の無尽というにひとしい煩悩を、無明を断ずることによって一断一切断と切って除けようという誓願がこれであります。第三は法門無量誓願学で、道諦を対象とするといわれます。八万四千といわれるはかり知れない膨大な法門も、窮めきたれば一路涅槃門にほかなりません。私どもはその涅槃の一路を、一切衆生とともに手を携えて、たとえ千山万水をも踏み越えて辿って行こうとするものであります。第四は仏道無上誓願成で、滅諦を対象とするといわれます。『老子』のいわれたように世間の学問は「学を為せば日に益す」で、学ぶにつれて一日学べば一日の知識を増してまいりますが、道の修行はそれに反して「道を為せば日に損す」です。道を修行するということは分別知を増しふやしていくことではなく、無明煩悩を「日に損し」「之を損しまた損し」て吹き消していくことでなければなりません。ニルヴァーナ（Nirvāṇa）すなわち涅槃とはその吹き消すことであり、無尽の煩悩を吹き消し尽くして帰着した無為寂静の境地であります。その最勝無上の絶対無の世界こそ、同時に絶対妙用の世界であり、私どもの修行の目標でもあります。

このように厳しく願心に鞭うっていくことが、禅の修行においては入門の当初につよく求められております。そして自未得度先度他で、われいまだ度《わた》らずといえども誓ってまず他を度せんという心構えを持たなければいけないとされます。よくいわれることに、大乗の菩薩とは渡し守《もり》のようなもので、迷いのこの岸から悟りの彼の岸に一切衆生を渡らせるだけで、自分自身は彼の岸に上り込んではしまわないものだそうですが、それほどにはできないまでも、せめて「一身のために独り解脱を求めざ」る心がけぐらいは持ちたいものとおもいます。この辺のことは白隠和尚などが口の酸っぱくなるほど繰り返し説いておられます。

これを飛躍して考えるといろいろの問題が起こります。たとえば舟を漕ぐわざさえろくすっぽできもしないのに、大きな川の渡し守がつとまるかとか、泳ぐすべもわきまえずに溺れるものを救えるかとか、よく持ち出される例でありますが、それは論理の飛躍というもので、この段では「学般若」の心構えとして、発心を強調したものと一応は考えておいていただきましょう。

もう一つの問題は、それではそのような大乗の菩薩の願心をもたないものは禅の門を叩いてはいけないのか、叩いても拒否して門に入れないのがよいのかという点であります。一個半個の道統者の養成を目的とする専門道場では、当然そうあるべきがほんとうだとおもいます。けれどもわれわれの会のような居士、大姉だけのところは、ノイローゼ結構、閑つぶし歓迎、それらをことごとく化して一歩でも二歩でも、四弘の願輪に接近させることができれば幸甚と考えておる次第であります。

乃ち諸縁を放捨し、万事を休息し、身心一如にして、動静間《どうじょうへだ》てなく、その飲食《おんじき》を量《はか》るに、多からず少なからず、その睡眠を調《ととの》うるに、節ならず恣《し》ならず。

『一鹹味』という書物には、この第二段は「身の形相を示す」ものだとしておりますが、それではどうも本文の内容とピッタリとしないようにおもわれます。むしろ坐禅を行なう前の準備について注意したものと考えられます。『小止観』に、食・眠・身・息・心の調節を図ることを「五事の調節」と申しておりますが、その中の食と眠とは平生あるいは坐に入る前に調節すべきもので、身・息・心の三つは定中において調えるものだと説かれております。この段はその、平生または坐禅に入る前に調節すべき食と眠との注意を述べたものです。

まず、「諸縁を放捨し、万事を休息し」という語ですが、これは百丈禅師のことばだといわれております。

いよいよ坐禅に取りかかろうとする者は、まず「諸縁を放捨し、万事を休息し」なければいけません。日常生活中に起きるスッタモンだの妄想を坐中にまで担ぎ込んだのでは、坐禅にならないことはいうまでもありません。達磨大師も「外諸縁を息め、内心喘ぐことなし」といわれております。

諸縁というのは、われわれの五官が感じ、心が認識する一切の外界の事象を申します。縁とはかかわりごとですから、外境とみてよいと存じます。それを放捨せよ——放ち捨ててしまえというのです。蓮月尼か誰かの歌に「山里は松の声のみ聞きなれて、風吹かぬ日は淋しかりけり」というのがあったとおもいますが、松籟ならばむしろ聞こえる方が結構で、この節はどこへ行ってもオートバイや、トラック、飛行機などが頭にひびくイヤな音を遠慮会釈なく立てております。それも諸縁の一つでしょうし、また眼に映じてくる人影や、花の色、さては線香の匂いなど、みなことごとく諸縁であります。それらを放捨せよというのは、それらいっさいの外境に捉われるな、そんなものに関わりあわず捨ててしまって、頭をカラッポにしてかかれということであります。

それならば「諸縁を放捨する」のは、坐禅の準備行為ではなくて、じつは坐禅そのものだともいい得るわけであります。たしかにそうです。数息観なり、公案なりに成りきることがいっさいを坐断することであり、諸縁を放捨するゆえんであります。が、ここでは文章の構成上、一応準備行為と解しておきます。

「万事を休息し」というのは、休も息も止める、または休むことですから、万事を休息することはいっさいの事に関わりをもつことを止めることになります。久松真一先生の『維摩七則』に『普勧坐禅儀』の講義が出ておりますが、それによると「万事を休息するとは、外に対して内では万事を休息するといふことであります」と述べておられます。「諸縁を放捨し」が外境の遮断であるのに対し、「万事を休息し」は「およそ内部感覚の対象となるものはいっさい息めて、それから脱却する」ことと解すれば非常に判りよくなります。内部感覚といってもいろいろありますが、非や悪だけがいけないのではなく、是も善も「休息」しなければなりません。いわゆる「仏に逢うては仏を殺し、祖に逢うては祖を殺す」でなければなりません。悟りの境地とおもわれるような好境でも排除してしまえということです。達磨さんのいわれたように「心、墻壁の如く」、心をきり立った万仞《まんじん》の絶壁のようにして、何ものをも寄せつけない用意が必要です。

そして「身心一如にして、動静間てなく」で、坐禅は道元禅師もいわれたように、心身学道であって、ただ単に心の修養などというものではありませんから、有相の身体と、無相の心とが不二一体に如同しなければなりません。

コマが極度に回転しているときは、かえってそれが少しも動いていないようにみえるものです。それと同じように公案三昧、あるいは数息三昧になると、身体も精神も超えてしまって、動静は一如になってしまうものです。坐して坐することを知らずとか、坐禅は坐禅に坐せらるるなりとかいうことばは、その「身心一如にして、動静間てなき」境地を示すものだと存じます。坐禅をするにはそういう心がけを、平素から持っていることが必要なのです。

次に「その飲食を量るに多からず少なからず」とは、坐禅実修の直接の心がけとしてたいせつな注意です。『小止観』を見ますと、飲食の分量が多過ぎると、体内が張りすぎて呼吸もせわしくなり、血液の循環も悪くなる、その上、心が閉ざされて昏迷に陥る、などと記されております。たしかに食べ過ぎると俗にいう「腹の皮がつっぱると、目の皮がたるむ」のは事実で、すぐ眠くなります。反対に少な過ぎると、戦時中の配給時代のように五体が疲れやすくて、意気はあがりません。ここには飲食の量のことしか述べられておりませんが、『小止観』には腐敗したり、汚濁したり、毒があったりなどという質的な変化や、飲食物の質そのものに注意しなければならぬことが述べられております。ニラやニンニク唐辛子のような葷《くん》や、辛といわれるようなものを、古来禁じている点なども考慮する必要がありましょう。「飲食を量るに多からず少からず」という原則を、さらに拡張して現代医学の研究なども勘案して、食物の質・量を解決することは、坐禅修行者の日常の注意として忘るべからざる点だと存じます。

「その睡眠を調うるに、節ならず恣ならず」ということも、これまた当然のことでありましょう。

『小止観』には、眠りが過ぎると心が暗く敏感性を失うから、つねによく注意して無常を観じ睡眠を調伏せよ、と戒めております。けれども、そうかといって眠りの少な過ぎることもどうかと思います。『小止観』に、眠は眼の食であるから、あまり苦節してはならぬ、と教えております。

先師精拙和尚の話に、むかしは臘八の接心は不眠不休で、一週間の間は寝させなかったものだそうです。ところが四五日も眠らさずに坐らせると、目の玉に縦のシワがよって、中には頭が変になって柱に頭を打つけたりする者が出てくるそうです。そこで、たとえ二時間でも三時間でも眠らせるようにしたものだ、とのことでした。私どもはやはり近代人で、不眠不休でモウロウとした頭で坐ったところでなんにもならぬ、十分睡眠をとり体力を充実して、しっかり坐った方が能率的だ、などと小賢しいことを考え、夜坐も一二時間で切り上げて臥単についたものですが、おもえば恥ずかしい話です。

しかしこの『坐禅儀』には「節ならず恣ならず」とありますから、まず眠りはあまり減らし過ぎてもいけず、かといってお相撲さんのように、食っては寝るというほどにほしいままにしても、坐禅にはいけないようです。要は、ほどほどにということです。ただ、飲食も睡眠もその人の体質によって相当に差があるようですから、その節度は自分の体と相談して図るほかはないでしょう。

三　坐り方

坐禅せんと欲する時、閑静処《かんじょうしょ》において厚く坐物を敷き、寛《ゆる》く衣帯を繋《か》け、威儀を正して斉整ならしめ、然る後ち結跏趺坐《けっかふざ》す。先ず、右の足を以て左の髀《もも》の上に安じ、左の足を右の髀《もも》の上に安ぜよ。或は半跏趺坐も亦た可なり。ただ左の足を以て左の足を圧《お》すのみ。次に、右手を以て左の足の上に安じ、左の掌《たなごころ》を右の掌の上に安じ、両手の大拇《ぼ》指《し》の面《おもて》をもって相拄《あいささ》え、徐々として身を挙《あ》げ、前後左右、反覆揺振《ようしん》して乃《すなは》ち正身端坐せよ。

いよいよ坐の方法について述べられるわけですが、『小止観』には、ここに述べられているよりもややくわしく説かれておりますので、それを援用して申しあげることにします。

『坐禅儀』では簡潔に、坐禅を実修しようとするときは、静かな場所で、厚い座蒲団を敷き、衣類や帯などの身にまとうものを緩《ゆる》やかにくつろげ、しかも威儀を正せと教えられておりますが、『小止観』では、その前に行住進止、動静運為のすべてにわたって端正でなければならぬ、と戒めております。いきなり坐ればよいというものではなく、坐に入る前から諸事端正であれというのは、たとえば俳優が舞台に出る前、まだ楽屋にいるときから、いや、もっと前、家にいるときからその役柄に成りきっているようなものでしょう。いまは亡き琵琶の吉村岳城という人は、その日、「赤垣源蔵」を弾ずる約束で会場へ行くと、「前に出た演奏者がすでにそれをやったので他の曲に変更してもらいたい」と、主催者が申し出でたが、「自分は朝から赤垣に成っていたので、いまさら急に変えられない」と、出演を断って帰ったそうです。頑《かたく》なといえば頑なでしょうが、芸能でも真剣にやろうとすればそんなものではないかとおもいます。

『小止観』には、定外の行動が軽率で粗暴であると気息が荒くなる、気息が荒くなると心も散乱して収拾しにくい、同時に坐中においても心が騒がしくて、しずかに怡悦《よろこび》を感ずることができない、だから、たとえ定外にあるときでもつねにあらかじめ坐の用意をしておくがよい、と注意しております。少しやかまし過ぎるようではありますが、真剣に坐るにはそのくらいの注意もあってよいでしょう。もちろんその反面には、動中の境界からいつでも至静の境地にと、瞬間に一転できる鍛錬もなければならないことはいうまでもありません。

坐るときに用いる座蒲団はなるべく大きく、厚い方がよいようです。坐り方は本文にあるように、結跏趺坐ができればそれにこしたことはありませんが、普通は半跏趺坐――一方の足をのせるだけで結構です。短時間なら日本式の端坐でもよいでしょう。要は全身をピラミッド型に据えて、どっしりと、ゆったりと、そして凛然《りんぜん》と坐ればよいのです。坐るとき尻の下に「座蒲《ざふ》」と称する小座蒲団のようなものを当てがいます。座蒲は、短時間なら厚い方がいいですが、長時間の場合はあまり厚い（高い）と両膝頭に重味がかかって痛みやすいので、その厚さ高さには注意が必要です。とくに座蒲の用意がなければ、薄い座蒲団を二つ折りにして用いてもいいです。

坐ったら身体を前後、左右に揺り動かして、自然に中心にゆり鎮《しず》めるようにして止めます。神道の祝詞《のりと》に「下つ岩根に宮柱太しく立て、高天原に千木高知りて云々」とありますが、そのように頭、とくに後頭部で天を衝きあげるようにして、身体を磐石不動に「正身端坐」させるのです。すなわち、姿勢を正し、居ずまいを正すのです。

左に傾き右に側《そばだ》ち、前に躬《かがま》り後《しりえ》に仰ぐことを得ざれ、腰脊、頭頂、骨節をして相拄え、状《かたち》、浮屠《ふと》の如くならしめよ。又た身を聳《そばだ》つこと太《はなは》だ過ぎて、人の気をして急にして不安ならしむることを得ざれ。耳と肩と対し、鼻と臍と対し、舌、上の顎《あぎと》を拄《ささ》え、唇歯《しんし》相著《あいつ》けしむることを要す。目は須らく微《すこ》しく開き昏睡を致すことを免るべし。もし禅定を得ればその力、最も勝《まさ》る。

これを読んだだけで姿勢を正す要領がよく判ります。左右に傾いてもいけないし、前かがみになるのもよくありません。そうかといって後ろに反りかえるのも感心しません。「状、浮屠の如く」なのが、一番よいのです。浮屠とはブッダ（Buddha）すなわち仏陀の訛《なま》ったものだといわれますが、またストゥーパ(Stūpa)つまり卒塔婆のちぢまった音だという説もあります。ここでは三重の塔とか、五重の塔とかのことと解しておきましょう。坐った形が三重、五重の塔のように、「腰脊、頭頂、骨節をして相拄えて」積み上げられ、どちらにも片寄らずにドッシリと安定不動の状態を保っているのがよい坐相なのです。

あまり気張りすぎて「身を聳つこと太《はなは》だ過ぎ」、かえって窮屈になるのも呼吸が急迫してよろしくありません。肩の力を抜いてゆったりと構え、耳と肩とが垂直線にあり、鼻と臍とが一線上にあるようにします。

「舌、上の顎を拄え、唇歯相著けしむることを要す」とありますが、これはそのように努力しなくとも一心に坐っているとおのずからそうなります。坐禅をするのに、まさかアッケラカンと口を開いている人もないでしょう。

目は開いて、わずかに外の光をさえぎる程度に細めます。これについては、目を閉じる方が三昧に入りやすいと説く人もありますが、仏祖正伝の坐禅では永年の体験上から「微《すこ》しく開く」ことを主張します。目を閉じていると「昏睡を致」し、眠気を催しますし、そのうえ心が暗く沈んで退嬰《たいえい》的になり、活気がなくなったりします。この辺が正伝の禅のすぐれたところで、ただ空々寂々として気の抜けたビールのような、いわゆる無念無想なるものを楽しんでいるものとちがいます。活気凜々として五体に充満し、いっさいの万境に接しながら少しもそれに煩わされたり、動揺させられたりしないところの禅定力というものは、目を開いて坐るところに錬り上げられるものです。「若し禅定を得ればその力、最も勝る」というゆえんです。鈴木正三老人は「浮かぶ心、沈む心」ということを説いておりますが、浮かぶ心とは「勇猛の心を体とす」る「キット生きた機」であり、沈む心とは「物に負け」「獄（地獄の意）中に入る道」であり「黒闇の中より出る心」であって、畢竟それは、目を閉じて活機のない死に坐禅をしているか、それとも目を開いて活気凜々と坐っているかによって分かれるのでありります。正受にして同時に不受という三昧は、どうしても目を開けて坐らなければ得られません。

古え習定の高僧あり、坐して常に目を開けり。向《さ》きの法雲の円通禅師も亦た人の目を閉じて坐禅するを呵して、以て黒山の鬼窟といえり。蓋《けだ》し深旨あり、達者これを知るべし。

法雲の円通禅師（一〇二七――一〇九〇）というのは、中国の秦州隴城の人で、名は法秀と呼び、天衣義懐禅師の法嗣で、機鋒当たるべからざる卓抜な人だったといわれます。その人は、目を閉じて坐禅をする人を見ると「黒山の鬼窟」と、いって罵ったと申します。「黒山の鬼窟」とは、鉄囲山《てっちせん》という大小二つの山があって、その両山の間に太陽も月もさし込まない暗いところがあり、そこに餓鬼どもが集まっているという、仏典の説です。つまり空々寂々の虚無的な生活をしているものを罵ることばです。

大慧禅師のことばに「却て黒山下の鬼窟裡に向って黙然として坐地す。故に先聖、呵して解脱の深《じん》坑《きょう》となす。これ畏怖すべきの所、神通を以て之を観れば、これ刀山剣樹、鑊湯炉炭裏の坐地と一般なり」というのがあります。まっくら闇のような何もない虚無のところに黙りこくって坐り込み、ここが悟りの場だなどといい気持ちになっていると、とんでもないことになる、古人はそんなのを〝悟りの穴〟と呼んでいるが、じつは恐ろしいところなのだ、そこは悟りの世界どころか、ほんとうは刀の山か熱湯の中に坐っているようなもので、危険きわまりないところだ、こういっておられるのです。古人のこの切実な戒めを体して、ゆめ居眠り坐禅などしていい気持ちになっていてはいけません。大燈国師が「三十あまりわれも狐の穴にすむ、いまばかさるる人も理《ことわ》り」といわれ、五条橋下に活坐禅されたということ、白隠禅師が正受老人に顔さえ見れば「この穴ぐら禅坊」と罵られたことなどを思いあわせていただきたいものであります。

身相すでに定まり、気息すでに調い、然してのち臍腹を寛放し、一切の善悪すべて思量することなかれ。念起らば即ち覚せよ。これを覚すれば即ち失す。久久にして縁を忘ずればおのずから一片となる。これ坐禅の要術なり。

前に述べたようにすれば「身相」が定まって姿勢が正される——すなわち身体が調い、坐るわけですが、そこで次には「気息」すなわち呼吸を調えなければなりません。この『坐禅儀』には「気息すでに調い」とあるだけで、調息の具体的方法については述べておりませんが、『小止観』にはくわしく説いております。それによると呼吸には風、喘《ぜん》、気、息の四種の現象があるが、前の三種は不調の相だとしています。風とは、スースー鼻息を立てたような呼吸の仕方であり、鼻息はしないが、なんとなく呼吸が滞ってなめらかでないものが喘、声もなく結滞もしないが息の荒いのが気で、この三つは坐禅には適しない呼吸です。どういけないかというと「風なれば心が散乱し、喘すると心が欝結し、気なれば心が疲《ひ》憊《はい》する」とあります。ですから、坐禅には「息」でなければなりません。「息」とは息の出入に声もなく、結滞もせず、粗にもならず、出入綿々として存するがごとく亡するがごとくで、神おのずから安穏に、こころ悦予を懐くようになるのがそれだとしております。

それには脊骨をつったて、腰を張り出すようにドッシリと坐り、口を閉じ鼻から静かに細く長く息を出入させながら、腹筋を用い腹圧をきかして丹田息を行ないます。もしそれがうまくいかず、風とか喘とか気とかの不調の相があったなら、それを調えるには三つの手段があると『小止観』に述べられております。それは一には、心を腹または足心（足のウラ、土ふまずの辺のこと）におく。二には、身体をゆったりとゆるやかにすること。三には気が全身の毛孔から発散して、少しの凝滞もないと観想すること。この三つの方法を行なえば呼吸が微々として調ってくる、と記されております。

こうして身体が調い、呼吸が調ったら、次には「臍腹を寛放し」、一切の善悪すべて思量することなかれ」という調子で、心を調えます。「臍腹を寛放し」は、必ずしも肉体的な臍腹をゆるくすることにかぎりますまい。むしろ、すべての捉われから心身を一如的に解放することと考えた方がよいともいます。なんのこだわりもない、ゆったりとした臍腹の状態の上に、是非善悪などいっさいの相対的な思慮分別を念頭から拭い去ってしまいます。いわゆる無念の念、無想の想で、縦横に思量しつつ、しかも何もおもわないのが「思量することなし」ということです。そこで身・息・心の三つが調和して、禅定即三昧が成ぜられるわけですが、実際にはそこまで一足飛びには達せられないので、便法として数息観などが行なわれるのです。数息観とは読んで字のごとく息を数える観法ですが、それにはいろいろ方法がありますが、私の体験では吐く息すなわち呼息を主としてヒトツ、フタツと十息まで数え、十にいたったらまたもとの一つに戻るのが、一番よいようです。これを何回もくり返していると、だんだん散乱した心が集中統一されてまいります。このようにして、身体と精神とが、呼吸の媒介によって一つに調和してくるのです。

数息にせよ、公案にせよ、ちょっとでも油断をすると煩悩妄想がたちまち紛起して、あらぬ方へ妄念のままに押し流されてしまいます。そんなときには「覚」することが必要です。古人は「覚」のところに注して「州云く無」と書いております。「無！」と、諸念を断ちきってしまえ、とでもいうことでしょうか。念とは今の心だと申しますが、人間、生きている以上、事にふれれば念の起こるのが当然です。ただその念を連想的に、育て上げずに省「覚」することが必要で、そうすれば立ちどころに坐断することができます。覚とはさめることで、ハッキリと自覚することですが、具体的にいえば「思量することなし」の只管打坐の場合なら、深く強く呼吸をしてその呼吸でむらがり起こる妄念を坐断してしまうとか、または数息観ならばヒトーッと強烈に妄想を切断してしまえばそれでよいのです。そうすると、いっさいのひっかかりを失ってしまって自分と外界との隔たりがなくなり、内外打成一片の境に入ります。天地と自分、主観と客観とが打って一丸となってしまいます。それが禅定というものであり、三昧というものであり、じつに「坐禅の要術」なのであります。

四　心と体と息

ひそかにおもうに坐禅は乃ち安楽の法門なり。しかるに人、多く疾《やまい》を致すものは、蓋し用心を善くせざるが故なり。若しよくこの意を得れば、則ち自然《じねん》に四大軽安に精神爽利、正念分明にして法味、神《しん》をたすけ寂然として清楽ならん。

世間の人は坐禅という名を聞いただけで、いかにも堅苦しい身体にも苦痛の多い難行苦行だとおもい、とうてい凡人の修行できるものではないなどと考えているものがあります。しかし実際に坐ってみると、心と体と息とが調って煩悩妄念が立ちどころに消え失せてしまい、天地と自分とが一体になる底の消息がわかるのですから、これほど愉快なものはありません。まさに「安楽の法門」というほかありません。坐禅の要領が手に入れば、一日でも用事の都合で坐れない日があると、なんとなく気分が悪く、とても止められるものではありません。そのうえ『小止観』にもあるように「坐中すべてにおいて和融不二なれば、宿痾は当然癒され、妨障は除かれる」のであります。四大すなわち五体が軽く安らかに、精神がさわやかになればそれは当然です。いわんや雑念妄想がなくなって、正念すなわち散乱した取りとめもない妄念を離れ、おもいが正しくなれば、心もはれやかになってまいります。その上にさらに無念ということがハッキリ判ってくれれば、法の味わいも判り、精神力は増大してまいります。なぜならば、正念とは結局のところ、いま・ここという絶対の現在において無心に活動する念慮のことですから、それが判れば銀座のド真ん中にいても無人の曠野を独りで歩くように、清浄安楽の心境にいることができますから、ストレスなど受けようがありません。

それなのに逆に坐禅したために胃下垂になったとか、痔を悪くしたとかいう人もなかにはありますが、それは坐禅が悪いのではなく、「用心を善く」しない不注意のいたすところで、結局自分に手落ちがあるといわなければなりません。『小止観』には治病篇があって、その辺の消息をくわしく説明しております。そして次のように述べております。

坐禅の法は善く心を用いて修するときは四百四病の未だ起らざるはこれを除き、既に起れるはこれを癒すの効がある。若し心を用うること宜しきを得ざれば四百四病これによりて発す。

として、地水火風の四大のうち「一大不調なれば百一の病起る」といって、たとえば地大の不調に原因して筋肉に関係ある病が起こり、水大の不調からは血液や内外の分泌に関する病の起こることを述べております。次に五臓から起こる病の相を説いております。さらに病発の三種の原因として四大五臓の不摂生、鬼神すなわちストレスのようなもの、三に業報すなわち自分の所業の報いをあげておりますが、たとえば飲み過ぎによる宿酔、食いすぎの結果の胃病なども業報とみてよいでしょう。その三つをあげています。

それらを治療するには、主として止と観とが用いられます。「止」は心を一境に止めることで、たとえば心を「憂陀那」すなわち丹田におくとか、あるいは足下に止めるなど要するに心の安定を保つ法です。弘法大師のわらじという法を豊岡の富森博士に聞きましたが、それは足の半分の草履をはいて行住に土ふまずを圧迫する方法で、これなどもその一つとみてもよいでしょう。「観」は想念を運《めぐ》らす方法です。これには観想によって呼吸を運営する法が述べられています。有名な道家の李真人の「十六錠金」なるもの、すなわち「一吸便提、気々帰臍、一提便咽、水火相見」という胎息法などもその一つで、これは私も接心中など人知れず修しております。

この「十六錠金」は胎息法といわれていますが、私はむしろ行気法とか運気法とかいう方が当たっているのではないかとおもいます。というのは胎息とは五気、つまり五臓の気を調和して無息の状態にいたることで、『聖胎訣』に次のように述べているようなものだからであります。

一気、気海にあつまり腎の気、上升せざるときんばその息とどまる。蓋し息を調うること久久なれば神気いよいよ凝り、息いよいよ微なり。また久しければ鼻中全く呼吸なし。ただ微息あり、臍上にあって往来すること、嬰児の胎中に在ると一般なり。故にこれを胎息という

これによってみれば胎息とは多年呼吸を錬った結果、丹田が充実して無息の息という状態になったことであります。それはちょうど胎児がまだ母胎の中にあるとき、自分の口や鼻では外気を呼吸しないけれども、母胎を通じて皮膚呼吸のようなものをしているのでしょうか、それと同じく天地を母胎としてその中で嬰児のように「鼻中全く呼吸な」く、しかも「微息、臍上にあって往来する」無息の息を行なうものがいわゆる胎息だとおもいます。ところが李真人の「十六錠金」はのちに述べるように、それとは異なりむしろ気息を全身に運らす方法ですから、胎息というよりは行気というに近いとおもうのです。

それはいずれにしても、これらの法はもと道家のものであって、禅からいえば異端でもありましょう。けれども白隠和尚も白幽先生から道家の法を伝えて禅病を癒し、門人にも「内観と参禅と共に合せ」修することをすすめ、その法を『夜船閑話』に詳述しています。白隠門下の遂翁禅師はことに胎息の法に長じ、桑名の沖で難破したとき海中に沈むこと三日にしてなお平然としていたと伝えられま

すし、遂翁の弟子の小田原の宙山和尚も密々に伝習して行気に長じ、気をもって烈火を消したなどの物語もあります。宙山和尚はこれを新羅実禅禅師に伝え、実禅禅師は土佐にかくれ仙人のような生活をしていたが、その秘法はあげて前野自錐居士に相伝したと、私は自錐先生から承っています。

それはさておき、この「十六錠金」については、私は青年の頃、一人の道友から教えられました。そのときは「十六字提金」と教えられたように記憶しますが、もう四十年近いむかしのことである上に、その筆写したものも紛失したので正確ではありません。しかし、その仕方については爾来密習しているので誤りはないつもりです。いまは伊藤延次氏の『止観』にしたがって「十六錠金」としておきます。

その本文は前に書いたように、

一吸便提　気々帰臍　一提便咽　水火相見

の十六字で、「一吸すなはち提し、気々臍に帰す、一提すなはち咽し、水火相見る」と読みます。

私が教えられたやり方は、坐禅の形でも端坐でもよいのですがキチンと坐って、まず歯を叩く。上下を咬み合わせるようにしてもよいし、あるいは頬の外から手で軽く叩いてもよいでしょう。道家では歯の音を魔払いに用いるらしいのですが、呼吸によっては歯グキは血液の循環がよくならないので叩くともいわれます。左、右、中を十二回ずつ、全部で三十六回といいますが、必ずしも数にこだわる必要はないでしょう。次に口の中を舌でこね回して唾液をつくります。その唾液と空気とよくこね交ぜて、口いっぱいになったときこれをのみ込みます。そのとき「こくこく然として声あり」で、グーッと音を立てるようにせよといわれています。唾液は一名金液と呼び、肺の気から生ずると道家では考えられています。というのは肺は五行に当てはめると金に当たるからです。道家で金液還丹というのは、この唾液をのみこむことです。

次に口をすぼめて素麺でもすするように清気を吸います。このとき目は閉じて、その清気を眉間（上丹田）から吸い込むように観想します。もちろん現実の空気は口から肺に入りますけれども、観想としては眉間から入って中丹田（胃部の辺、中丹田の機関は心臓）を経て臍下丹田に納めます。これが「一吸すなはち提し、気々臍に帰す」ということであります。

吸った息は下丹田にホンの少しの間止めておき、息を止めたままでその吸った息を、大便をこらえるような気持ちで肛門を締めるようにしてそこに移動させます。空気が臍の下や肛門に行くわけはありますまいが、そう観想するとそこに「気」が集まることは体験上の事実であります。肛門の辺に集めた気を、次にいったん臍下に戻し、またスグにその真裏、腎臓に送り込むようにします。腎臓はいうまでもなく下丹田の具体的機関です。そして両腎から脊椎の両側を上へ昇って、首から後頭部に上らせます。後頭部にいたったときは奥歯を咬み合わせ両眉を上へあげるようにして、その気息を大脳に浸透させます。最後に頭頂から眉間、そして鼻へときて、鼻からいつとはなしに息を吐いて終わります。吸気は身体の前側——すなわち胸の方を下向し、呼気は裏側——すなわち背中を上昇するという この順路は絶対に変えてはいけないと教えられました。もし逆にすれば大病を発するといわれています。おそらく任脈督脈の二脈、または営気衛気の二気などの流通関係からだろうとおもいます。

ここに「水火相見る」というのは、『金丹大成集』に「呼くときは心と肺とより出で、吸うときは腎と肝とより入る。呼くときは則ち天根に接し、吸うときは則ち地根に接す」とあり、また『夜船閑話』にも「呼は心肺より出で吸は腎肝に入る」とありますように、呼吸によって心臓の火気と、腎臓の水気とが相交わることをいうのです。つまり吸う息につれて心臓から陽中の陰気が下って腎に入り、呼く息に伴って陰中の陽気が腎臓から上昇して心に入るので、「呼くときは天根に接し、吸うときは地根に接する」わけで、そこに水火相交わることになります。この辺の消息は『夜船閑話』を見ればよく判るとおもいます。

以上が「十六錠金」の方法ですが、私はこれは三回以上行なうべからずと注意されたので、いままでもそれを厳守していますが、伊藤氏の『止観』には「その時に従って或は三たび或は五たび或は七たび、或は十二たび或は二十四たびと繰返して行う」とありますから、三回とはかぎらないのでしょう。怠らずこれを修すると脳貧血、脳溢血にも効果があるし、病をしりぞけ年を延し形も自然に若返るということです。

ある人に私がこれを教えたら、その人は熱心に行じ背部の上昇に工夫を加え、脊椎の一節一節を気息で洗う観念を施すと骨が音を立てるといっておられ、自らこれを「洗骨観」と命名されておりました。私も接心中などに疲れたり、肩が張ったりするときには、ひそかにこれを修し試みております。

もし已《すで》に発明することあらば、竜の水を得るが如く、虎の山に靠《よ》るに似たりと謂うべし。もし未だ発明することあらざれば、また乃《すなは》ち風に因て火を吹き、力を用いること多からざらん。ただ肯心を弁ぜよ。必ず相賺《あいいつわ》らざれ。

発明とは、自己の本心、本性を発《ひら》き明らめることで、要するに悟りが開け見性のできたことを申します。

竜は古来、霊獣として尊ばれ、想像を絶する神通力をもっているものとおもわれておりますが、しかし、その竜も水を得なければ、自由自在に行動することはできません。虎にしても百獣の王ではありましょうが、これまた動物園の檻の中にいたのでは、その猛威を振うことは不可能です。やはり山にいなければ本来の力は発揮できません。それと同じように、人間も本来、仏と同じ性能を具えているとは申すものの、これを開発し明らかに自覚しなければただの素凡夫にすぎません。いったん、修行の力で本来の自己を自覚し、その仏性を開発したとなれば鬼に金棒で、あたかも竜が水を得たような自由自在のはたらきもできれば、虎が山に靠ったような絶大の威力も発揮できるわけです。

また、たとえそのような見性はできないとしても、正しい修行をしておればちょうど風の方向を利用して火を吹けば楽に火がおこせるように、自然に見性もできることになりましょうし、早く安心も得られるというものです。

だから修行者というものは「肯心を弁ず」で、自分自身に納得がいき、自分を肯えるように、つねに心を正しくして決して自己を「相賺ら」ないようにすることがたいせつなのです。他人が、彼はできているといおうが、まだできていないといおうが、そんなことはどうでもいいことで、要は自分の心が納得するように、正直に修行しないといけないというわけです。

然り而して道高ければ、魔盛んにして、逆順万端ならん。ただ能く正念現前せば、一切留礙《るぎょう》すること能わず。楞厳経、天台の止観、圭峰の修証儀の具《つぶ》さに魔事を明かし、あらかじめ不虞《ふぐ》に備うるものの如きは、知らずんばあるべからざるなり。

修行がだんだん進んでくると、それを妨害する「魔」もそれにつれて現われてまいります。だから坐禅をしても魔境の現われるのは、それだけ定力の進んだ証拠であって、数息も満足にできない初心の間は魔境も現われてはまいりません。すなわち「道、高ければ魔もまた盛んなり」というゆえんです。魔とは梵音 Mara の略で、漢に訳して殺者と申します。修行者の功徳の財を奪い、智恵の命を殺すものという意味です。

釈尊が正に正覚を成じようとしたとき、欲界の第六天が魔の姿を現じてさまざまの妨害をしたと伝えられ、キリストも荒野に導かれ四十日四十夜の断食をした際に、魔に試みられたとマタイ伝に記されています。いずれも成道近い頃のことであります。『小止観』には、その魔に順逆万端あることが述べられております。逆魔というのは明瞭に修行の妨害をする魔境のことですから判りよいのですが、順魔とは「父母兄弟諸仏の形像、端正の男女愛すべきの境」とありますからちょっと魔とはおもえず、むしろ味方のような顔をして接近してきて修行を妨害するものです。山田無文老師はこれを「逆魔というのは折角修行しようと思っておるのに親が亡くなったとか、自分が病気したりして郷里に帰らないといかんことが起こって来るようなのを」さし、「順魔とは非常に調子が良過ぎて皆から可愛がられたり飲まされたりして失敗するのをいう」としております。そのように魔には逆順万端ありますが、それを却ける法としては『小止観』には止を修する法と観を修する法を述べ、結局「不動の正念に住する」ほかはないことを教えています。「ただ能く正念現前すれば一切能く留礙する能わず」と、本文にあるのもその意味でしょう。

むかしある修行者のところへ狸か何かが現われて悪さをして修行を妨げるので、ある夜、その人は掌に花という字か何かを書いて狸に見せ、「これはどういうことか」と尋ねたら、狸が返答に窮してそれから来なくなったという話があります。禅定中に現われてくる魔境はそれらとはやや趣を異にしますが、それでも要は「不動の正念」でおれば、相手は自然に退散せざるを得ません。それらの魔境については楞厳経や天台の止観、圭峯宗密の『修証儀』などにくわしいから、それらを拝読してあらかじめ用心をしておくがよいというのです。楞厳経の五十魔境についてはそれを要約した『学道邪正明鑑』という解説書がありますし、『小止観』にも「覚魔」という篇がありますから、一見しておくがよいとおもいます。圭峰宗密の『修証儀』というのはどういうものか、私はまだ拝見しておりません。

五　心の安住不動

若し定を出でんと欲せば徐々に身を動かし、安詳として起ち、卒暴なることを得ざれ、出定の後も一切時中、常に方便をなし、定力を護持すること嬰児を護るが如くせよ、即ち定力成り易からん。

さて、「定」すなわち坐禅をして散乱した心を一つに集中統一した至静の境地から出るときも、イキナリ軽率粗暴に起ってはいけません。「徐々に身を動かし、安祥として立」つことが必要です。『小止観』によれば「定より出ずるとき三事を調和する」ことが説かれています。それはまず心をといて禅定から離れる。次に口を開き気を放ってそれが脈管から毛孔を通じて発散すると観想する。最後に肩、手、頭、首、両足と順次に動かして緊張をほごす、次に手ですべての毛孔を摩擦し、両眼をおおうなどしてから出よと述べられております。すなわち、入定のとき粗から細に入ったのと逆に、心から息、息から身というふうに細から粗に出るのが順序であります。そのようにして坐中の定力を失わない用心が必要です。出定したのちも「一切時中、常に方便をなし、定力を護持すること嬰児を護るが如く」でなければなりません。定中には一生懸命に心・息・身を調和し、心をいっしょに制しているが、さて起つとそれがどこかへけし飛んでしまうというのでは、定力が成就しにくいものです。

六祖は「内、乱れざるを定となす」といわれましたが、その「内、乱れざる」凝集力が禅定力というものでしょう。白隠和尚が「百万の大軍中にあり、歌舞遊宴の場に臨むとも無人の曠野を行くが如し」と、いっておられるように、どんな環境の中にあっても微塵もそれらに奪われることなく、そのものそのものにピタリピタリと成りきってゆく、その力を動中につねに養う必要があります。一日二十四時間中の一時間だけ坐って、他の二十三時間をアッカ呆然としているようでは定力は養われません。その他の二十三時間を、たとえて申せば母親が生まれたばかりの赤ん坊をたいせつに抱いているように、定力をたいせつにし、つねに正念工夫、不断相続する心がけがないといけません。正念は無念だと申しますから、自分を空しうして対境に成りきり成りきることがすなわち正念工夫であり、不断坐禅であります。そう心がけてゆくところに、はじめて「定力は成」り、錬り鍛えられるのであります。

夫れ禅定の一門は最も急務たり。若し安禅静慮せずんば這裏に到て総《すべ》て須らく茫然たるべし。所以に珠を探るにはよろしく浪を静むべし。水を動ずれば取ることまさに難かるべし。定水澄静なれば心珠おのずから現ず。故に円覚経に云わく、無礙清浄の慧はみな禅定に依て生ず。法華経に云わく、閑処に在てその心を修摂し、安住不動なること須弥山の如くせよ、と。

これまでに述べたところでも明らかなように、いやしくも禅門の徒であるからには、何はおいてもまず「禅定」を修めることを最大の急務としなければなりません。しからば、その禅定とは何かといえば、すでに何べんとなく説明してまいりましたが、重復をいとわずにもう一度申すなら、六祖は「何をか禅定と名づく、外、相を離るるを禅となし、内、乱れざるを定となす」と、きわめてハッキリと断定されているのであります。すなわち、外面的には姿・形を超絶すること、さらにいいかえれば心が統一集中されつつあって、外面的な形体を忘れ、男だとか女だとか、老人だの子どもだのという形相を離れてしまうのが禅というもので、いわゆる「端坐、実相を思う」というのがそれです。内面的には心がまったく統一された三昧の境にあるのが定というものです。結局は、白隠和尚のいわれたように「乱軍中に在りとも無人の曠野に立つが如く」「殺害刀仗の巷、号哭悲泣の室、相撲掉戯の場、管絃歌舞の席に入りても安排を加えず」「計較を添えず正念工夫片時も打失せず、相続不断なる」ものが禅定というものです。そのような禅定力を平素から養っておくことが、われわれ禅徒にとって何よりもたいせつなことです。

もし、平素からそのような禅定力が養われていないというと、「這裏」にいたって茫然自失してなんとも手のつけようのない状態に立ちいたるほかはないでしょう。「這裏」というところに松島の瑞巌寺の盤竜老師は「臘月三十日到来」と書入れをしておりますが、「臘月三十日」とは大晦日のことですから、つまりは人生のドン詰りのことになります。現代のことばでいえば限界状況とでもいったらよいでしょう。ヤスパースは「われわれがそこに突き当り、そこで挫折する壁」のようなものを限界状況といっておりますが、その代表的なものは死でありましょう。死ではないにしても、人生の一大事の場に臨んで、禅定力が養われていないと、「有事泰然」というわけにはまいりません。

川中島で上杉謙信が単騎、武田の本陣に斬り込んだ際、「いかなるかこれ剣刃上の事」と叫んで信玄の真向うから太刀を打ち下ろすと、信玄は泰然と牀几に腰かけたままで手に持った軍扇でこれを受け止めながら「紅炉上一点の雪」と答えたと伝えられますが、これも禅定力のはたらきにほかならないとおもいます。

また別に例をとっていうならば、池か川の中に珠を落したような場合、水中に入ってめくら滅法に引っかき回したのでは、水が濁ってかえって珠のあり場所が判らなくなってしまいます。そんなときにはあわてず急がず、静かに波の静まるのを待って、水中が透きとおるようになってから、珠のありかを確かめた上でおもむろに取るのがよいのです。それと同様、われわれの心も雑念妄想や、惜しい欲しいの欲念がザワついているときには、その本来の面目を見いだすことはできません。ですから、まず禅定三昧に入って、心の風波を押ししずめ、汚濁を沈静させれば、求めずしておのずから本心の光輝が現われてくる道理です。やはりそれには「定水澄静」ならしめるところの、禅定というものが必要なのであります。

だから『円覚経』の弁音菩薩章の偈に「無碍清浄の慧はみな禅定に依て生ず」とありまた『法華経』の安楽行品の偈の中にも「閑処に在てその心を修摂し、安住不動なること須弥山の如くせよ」と禅定の必要性が強調されているゆえんです。『円覚経』の偈は、読んで字のごとく、煩悩の汚れや妄念の垢のない自由自在な智恵のはたらきは、心が静まり統一された深い禅定から発するものだ、ということです。『法華経』の偈は、きわめて静かな場所で、散乱して取り止めがない心を修摂することによって、富士山が東海の天に聳え立つように泰然不動ならしめよという意味であります。修は、これを整え治めてよりよくしようとつとめること、摂は収め取りまとめることで、あわせて心を整頓し一ヵ所に集中統一することになります。問題は「安住不動」であります。これを木か石のように、固定して動かないことと考えたら間違います。これについては沢庵和尚の『不動智』が、巧みに説いております。「不動とは動かずと申す文字にて候」しかし「動かずと申て、石か木かのやうに無性なる義理にてはなく候、向へも左へも右へも、十方八方へ心を動き度様に動きながら、卒度も留ぬ心を不動智と申候」「然らば不動智と申すも、人の一心の動かぬ所を申候、我心を動転せぬ事にて候、動転せぬとは物に心をとどめぬ事にて候、物に心を留むれば物に心をとられ候」「留まれば動き候、とまらぬ心は動かぬにて候」

そして、次のような例をあげて説いております。「たとえば何右ェ門と呼びかくるに、をっと答る心を不動智と申候、右ェ門と呼ばれて、何の用にてか有らんなどと思案して後に、何の用などと云は住地煩悩にて候」と。つまりオイと呼ばれたとき、心が一ヵ所に停滞していなければ無心にオッと即応することができるわけで、そのオイに「心をとられず」、またオイに「止らぬ心」を法華経では「安住不動」と申したのであります。それは直面した現在の事実に成りきっていることで、動いておりながら動いているという意識がないことです。それに反して、オイと呼ばれて「ハテなんの用事かな」などと分別意識をはたらかせて思案したのち「何か用かい」などというのは、相手のオイに束縛させられ、オイに足を定着させてしまっているので、住地煩悩、つまり煩悩に止っていると申すのです。これを「動く」つまり動揺しているとか、動転したとかいうのであります。

「流れに随って性を認得すれば、喜もなくまた憂もなし」というマヌラ尊者の偈がありますが、その流れにしたがって性を認得するものが、安住不動ということのほんとうの意味であろうと存じます。ただ如実にあるがままに、流転する万法そのものの中に我を無にして没入し成りきって、そのものと完全に一つになって、流れのままに流れて行く、そしてそれによって逆に流れを超出するものこそ安住不動というものでなければなりません。そのようにしていけば、外界の事象に引きずり回されて、喜んだり悲しんだり一喜一憂することは何もありません。法華経の偈は、このように解すべきで、もしこれをいとも物静かに心を摂して、山の中の石地蔵さんか何かのようにしていることと解するならば、それこそ大きな間違いであります。

建長の蘭渓道隆禅師が、その『坐禅論』の中で、質問に答えて「転とは体脱なり、物を転ずとは一切の境界について心を遷さず、返って本性に向うなり、境、心を礙《き》えざれば天魔鬼神、煩悩生死も便りを得べからず。これを物を転ずという。物に心を遷さざる用心なり」といっているように、いっさいの外境に心を止めず心を奪われず、境と一体に成りきってこれを脱体することが「転」ということです。須弥山のごとき安住不動とは、禅的にはこう申すよりほかはないようです。

六　生死自在の禅定

ここに知んぬ、超凡越聖は必ず静縁《じょうえん》を仮り、坐脱立亡は須らく定力によるべし。一生取弁するも尚ほ蹉跎たらんことを恐る。況んや乃ち遷延して何をもってか業に敵せん。故に古人云く、若し定力の死門を甘伏する無くんば目を掩て空しく帰り、宛然流浪せんと。幸に諸禅友、この文を三復せば自利々他、同じく正覚を成ぜん。

これまで長々と述べ去り述べ来った『坐禅儀』も、いよいよこの段で結論に入ることになりました。以上述べたところによって「超凡越聖」は「静縁」の力を借りなければできないことであり、「坐脱立亡」は「定力」によらなければ不可能であることが判ったわけです。

「超凡越聖」とは、凡を超え聖を超えることですから、結局凡聖の対立を超えることになります。普通、凡を超えて聖に入ると考えやすいのですが、わが禅門ではその聖境にも止らず、それをもボツコエてしまわなければなりません。つまり凡も聖もない絶対の世界に入り、凡でもなければ聖でもないところの自己の本質を自覚するのです。そのような世界は善をよしとして肯定し、悪を不可として否定する、いわゆる道徳的修養ではとうていうかがい知ることはできません。それはただ「静縁」すなわち静慮というものを手がかりとするほかはありませんから、あるいはそれは禅門の専売だということになるかも知れません。

「坐脱立亡」は坐ったままで死んだり、立ったまま亡くなることで、畢竟、生死自在のことを申したものであります。その実例をあげれば古来数限りなくありますが、近い頃の坐脱の例としてはわが高歩院開基の山岡鉄舟先生があります。先生はその日、前夜から詰めかけていた見舞客を昼寝の邪魔になるからといって人払いされ、皇城に向かって坐を組み右手にもった団扇の柄で左の掌に何やら字を書きながら絶息したといわれております。じつにみごとな坐脱であります。立亡の例としては妙心寺の関山国師が、旅の仕度をして杖をついて立ったまま、風水泉という井戸の側で法嗣の授翁などと別れのあいさつを交して遷化されたと申します。

このように生死自在であるためには、禅定の力が十分に練られていなければなりません。

われわれの一生は、生活上での是非善悪の取りさばきさえもおもうに任せず、ともすればつまずきが多く踏み外すことばかりであります。ましてやのんべんだらりと時間を空費し、遷延としてその日を過ごしていたのでは、どうして生死の業に敵することができるでしょうか。誰かの狂歌にもあるように、臘月三十日到来していよいよ息を引き取ろうとするときに、「いままでは人が死ぬると思うたに、おれが死ぬとはこいつ堪まらぬ」と、なげいてみても泣いてみてもはじまらないのであります。だから、どうしても平素から「静縁をかり」て心の波を静め、定力を練り、生死の関門を乗り越えておかなければならぬ次第です。

「故に古人云く」、この古人とは大洪守遂禅師（推定一〇七七――一一二五頃）だといわれております。その守遂禅師が「若し定力の死門を甘伏するなくんば、目を掩うて空しく帰り宛然流浪せん」と申されたのであります。

もし平素から禅定の力を十分に練り鍛え、それによって生死を脱得し、生死に自由を得ていなかったならば、いよいよというドタン場になってやすやすと死のために屈伏させられて、なんのなす術もなく空しく死んでゆき、そしていつまでたっても依然（宛然）として悪業に引かれて暗から暗へと、永久に六道を輪廻して生死流浪の旅をつづけるほかはないであろう、いつまでも生死のきずなを脱却して、涅槃寂静の世界に入ることはおもいもよらんぞ、こう大洪の守遂禅師はいわれているのであります。だから、われわれはどうしても、しっかりと坐禅をして自性を徹見し、定力を練り上げて生死を脱却しなければならないのであります。

いつも申すことですが、坐禅をノイローゼの治療法として使おうと、心身の健康法として用いようとその人の勝手ですから、坐禅の方からはそれに対してとやかくいうべき筋合いではありません。しかし、坐禅本来の目的は何か、と、坐禅それ自体に即していうならば、それは自性を徹見し生死を脱得するものといわなければならないのであります。

幸に諸禅友、この文を三復して、自利利他、同じく正覚を成ぜんことを。

禅友というのは、道を慕い参禅弁道して倦むことを知らない道友のことであります。同じく禅に志す道友諸兄よ、願わくばこの『坐禅儀』を何べんも繰り返し繰り返し読んでください。はじめは理解に困難かも知れませんが、「素読百遍、意おのずから通ず」とあるように、何べんか繰り返して読んでいるうちには漠然と、やがてそれがハッキリとして、次第に「坐禅」というもののほんとうのところが判ってくるでしょう。

どうもこの頃の人には古人はみな馬鹿に見えるとみえて、古人の教えを頭から否定する傾向があるようです。それも古人のいわんとするところを十分理解した上で、その是非を論ずるなら大いに結構ですが、ろくすっぽ意味を理解しようと努力もしないで批判をしたり、むずかしいと投げ出したりするなどどうかとおもわれるものも少なくありません。前に「十六錠金」というのを紹介しましたが、これについて長く療養生活を送っている一道友から、さっそく寝ながら試みたが効果があるようだと書いてよこされまして、私は大いに感激いたしました。この『坐禅儀』もそのように実地に行なった上でその可否を論ずべきで、何千年という永い年月を積み重ねて実修されてきたものを、寝ころびながら通り一ぺん読んだだけで批判したり、投げ出したりしたのでは何にもなるものではありません。吉田松陰は『孟子』の「至誠にして動かざるものは未だこれあらざるなり」という一句を、自分の一生をかけて実地に試みるのだといっておりますが、そのような素直さ、忠実さがなければ、この『坐禅儀』などは無用の長物です。これを文章に書いたのは長蘆慈覚禅師かも知れませんが、その内容は釈尊以来的々相承し、歴代の祖師が心身学道し来った体験の積み重ねであります。少なくとも十年ぐらいは馬鹿になったつもりでこの通り実修した上で批判されたなら、自他ともに益するところがあろうかと存じます。私がこう申すのは一概に批判を封ずる意図からではありません。教・行・信・証することを、より重要視するためであります。

願わくは諸禅友よ、この文を三復拝誦して文字通りに実参し、真実徹底見性して法において自在を得るところの「自利」を体現された上、禅の真風やその福音を弘く世人に頒布して「利他」され、われひとともに一人残らずが仏と同じ正しい自覚（正覚）を得られるよう、切に祈ってやみません。

未熟者、永々と駄弁を弄して古人の真意を誤り伝えたところ少なからずと、深く慚謝する次第であります。

Ⅳ　自由になること

―大覚禅師『坐禅論』―

一　束縛からの解放

先般、東京弁護士会の法曹禅話会で例のごとく『碧巌録』を講じましたが、その席上、禅籍はたいていのものを所蔵されるというある弁護士の方から『大覚禅師坐禅論』をいただきました。何気なしに表紙を見ると、雄渾な筆で右肩に「蘭渓道隆和尚」と書き、真中に「建長大覚禅師坐禅論」とされていますが、その題簽《だいせん》はどう見てもわが先師精拙老師の筆にソックリです。しかし建長には菅原時保老師のような能筆家がいるのに、それをさしおいて天竜の管長が書くはずはないと考え、不審のままとにかくいただいて帰りました。何べん見直しても精拙老師の筆にちがいないが、と帰庵後、発行所を見ると『立命館』となっております。立命館なら精拙老師ゆかりのところですから、題簽を書いたとしても不思議ではありません。私も本師現天竜管長牧翁老師が、立命館の講堂で祖録を講じられるのに伴僧をしたことがあります。そうおもってみると、もはや疑う余地のない精拙老師の筆です。

そうなると現金なもので、この『坐禅論』が好きになり手許から離さず愛読して今日に及んでおります。さて一応『坐禅儀』の講釈を終わったので、この機会にその『坐禅論』の要処とおぼしいところを抜き読みしてみたいと存じます。原文は漢文で二十二頁に及ぶ長いものですが、ここではその全部は無理ですから、要点だけという程度にいたします。

まず、最初に著者の大覚禅師について、若干ご紹介しておきましょう。

大覚禅師（一二一三―一二七八）は、俗姓を冉氏と称し、宋の人で西蜀の涪江というところの生まれです。号は蘭渓、名は道隆、日本の鎌倉、建長寺派の開山です。

宋にいる頃、無準師範《むじゅんしはん》、痴絶道沖《ちぜつどうちゅう》、北礀居簡《ほっかんきょかん》などについて参禅究道しましたが、後に無明慧性のところで徹底し、その法を嗣ぎました。そして明州の天童山におりましたが、日本にはまだ禅が盛んでないと聞き東遊の志を起こし、日本の寛元四年（一二四六）、九州の太宰府に来られました。時に三十三歳だったと申します。そして筑前や京都など転々とされましたが、北条時頼の帰依を受けて建長四年（一二五二）、鎌倉に巨福山建長寺を建ててその開山になりました。その後、一時悪人のために讒されて甲斐国に謫居《たっきょ》したこともありましたが、弘安元年（一二七八）鎌倉に帰り、その年の秋七月、病を得て坐ったままで亡くなられました。年は六十六歳。朝廷から大覚禅師と諡《おくりな》されました。日本ではこれが禅師号の初めだということです。

さて、この『坐禅論』は、寛永二十年（一六四三）に刊行されましたが、それ以来、初心者のための

禅入門書として広くもてはやされてまいりました。まずその冒頭に、

夫れ坐禅は大解脱の法門なり、諸法これより流出し、万行これより通達す、神通智恵の徳、この内より起り、人天性命の道、この内より開く。諸仏すでにこの門より出入し、菩薩行じて即ちこの門に入る。二乗はなお半途にあり、外道も行ずと雖も正路に入らず。凡そ顕密の諸宗、この法を行ぜずして仏道を行ずるものあらざるなり。

とあって、坐禅の根本を示しておられます。坐禅とは解脱――つまり、われわれは本能的な欲望によって心がつねに束縛されておりますが、その束縛から脱して自由になること――それが坐禅というものだ、といわれております。そして諸法、万行――いっさいの真理や正しい行為は、すべてこの坐禅によって可能になると主張されるのです。その後からすぐ一問一答の問答体になっております。一番最初に、坐禅はなぜ諸法の根源なのか、という質問があります。禅師は、それは禅は仏の内心だからだ、というのであります。戒律も教法も念仏も、畢竟は仏の内心から出たものだから、内心そのものである禅が当然根本ではないか、と答えられます。そして次の問答にうつります。

問うて曰く、禅法は無相無念にして霊徳露れず、見性もまた証拠なし、何をもってかこれを信ずべき。

白隠禅師も『坐禅和讃』で「直きに自性《じしょう》を証すれば、自性即ち無性にて、すでに戯論《けろん》を離れたり」といい、また「無相の相を相として、行くも帰るも余所《よそ》ならず、無念の念を念として、謡《うた》うも舞《ま》うも

法《のり》の声」と申されております。そのように自性、すなわちわれわれの本来性が無性であり無相であるならば、まるで雲をつかむようなもので捉《つか》まえようもありませんから、そこにどのような霊徳があるのかも験しようもありません。また見性といっても無性すなわち無いものを、どうして見ることができるのか、という疑問はこの質問者だけではなく、何人も一応はもつ疑いだろうとおもいます。これに対して禅師は、

答えて曰く、自心と仏心と一味、あに霊徳にあらざらんや、わが心われ知らずんば、なにを喚んでか証拠と為さん、即心即仏の外、何の証拠をか求めん。

と答えられました。

前に申しましたように、この問答の前に「禅は仏の内心なり」と答えられておりますので、ここに「自心と仏心と一味」とあるのも卒然ではないわけです。質問者が無相無念だというのだったら霊徳はいったいどこに露れるのか、露れようがないではないかといったのに対し、禅では自心即仏心と悟るのだ、素凡夫の妄心だと考えていたわれわれの心が、そのまま仏さまの心と一つなのだと判ってみれば、これ以上の霊徳がどこにあるか、という意味でしょうか。

また「見性もまた証拠なし」というのに対しては、自分の心を自分で知る――これ以上の証拠はないではないか、われとわが心をハッキリと承知しなくて、いったいだれがこれがお前の心だと証拠立ててくれるものがいるのか、ということでしょう。しかもわれわれの憎いかわいい欲しい惜しいと七

転八倒している平生の心が、そのまま仏の心と一味であると知ることが見性だとするならば、そのことのほかになんの証拠が要るというのか、こう禅師は答えられたのです。

関東の禅会では見性見性と安価にいいすぎる、という意味のことが雑誌か何かに書かれていたのを読んだ記憶がありますが、関東か関西か知りませんが、どうも一種の心理状態をもって見性と誤解している人がいることは事実です。何も無いとか、自分と天地と一体になったとかいって、そのじつ「無」という心的状態を固定化したり、自然物と自分とが一つになった状態を客観的に認める、といったような変態的な心理状態に陥っているので、そういう「状態」を後生大事にしている憐れむべき「お悟り」もあるのは事実のようです。それも一種の定力だとはいえましょうが、そんなのは白隠禅師のやかましくいわれた「八識田中に一刀を下せ」の、一刀両断にすべき八識の深層にもいたらない、潜在意識の所為ででもあるのでしょう。それはやはり一種の外道禅であって、そんな状態を「霊徳」だとか「証拠」だとかありがたがっているようでは、真正の禅には遠うして遠しといわねばなりません。そのような霊徳もなく、証拠もないのがほんとうの禅なのです。

禅は対象的に、または客観的に、何ものかが見えることではなく、その見る人それ自身になりきることです。本来的なものにせよ、あるいは後来的なものにせよ、性を見るのではなく、見るはたらきそのものが性なのです。

問うて曰く、この法いかんか修行すべき、たとい修行をなすも悟りを開くを得ずんば成仏不定なり、もし不定なれば修行をなすと雖も何の益かあらん。

この質問は正しいようですが、少々微妙なところがあります。すなわち悟ったといったところでもともと自分の心を知ったのですから、付け加えられた何ものもありません。したがって、本来無功用、無功徳であるべき坐禅に、修行しても悟れなかったら仏になれないから無益だというような、なんらかの所得を期待しているようなところがみえます。

答えて曰く、この宗は甚深微妙の法門なり、もし一たびその耳を経ることあれば、長く菩提の勝因となる、古人曰くこれを聞て信ぜざる者も福、人天超ゆ、学んで得ざるものもついに仏果に到る云々。この法は仏心宗なり、仏心本より迷悟なし、正に如来の妙術なり、たとい悟を得ずと雖も一座の坐禅は一座の仏なり、一日の坐禅は一日の仏なり、一生の坐禅は一生の仏なり、未来もまたかくの如し、ただかくの如く信ずるものは大機根の人なり。

禅師の答えはなかなか慎重です。白隠和尚の『坐禅和讃』に「辱《かたじ》けなくもこの法《のり》を、一たび耳にふるるとき、さんたん随喜する人は、福を得ること限りなし」とありますが、それとまったく同じ筆法です。随喜というのは他人のしたことに随順し、そこに喜びを感ずるというのが本来の意味だそうですが、畢竟、宗教的な感激をあらわすことばでしょう。素直に少しも疑わず、耳にふれると同時にそのことをそのまま受け入れてそれに喜び随うということは、ちょっと考えると簡単にできそうですが、そのじつ容易にでき難いことです。坐禅の法を耳にしたとき、それがはたして地獄に堕ちる道か、それとも極楽に生ずる道かはまったく措《お》いて論ぜず、法然に絶対随順した親鸞のように素直になれたならば、まさに「福を得ること限りない」でありましょう。この場合の福はなんら期待せず、欲望せずにくるものです。「況んや自ら回向して」如法に坐禅するならば「一寸坐れば一寸の仏」です。

仏心すなわちわが本心には本来迷いも悟りもありません。その迷いも悟りもない仏心すなわちわが心の本来のままに行為するところに、「如来の妙術」たる坐禅があるわけです。だからたとい悟りは開けなくとも一座坐れば一座の仏、一日坐れば一日の仏です。そういうものだとかたく大信決定して微動もしない鉄漢を「大機根の人」と申します。

しかし実際にはなかなかそうはまいりません。ちょっとやってみて、速効的な利益が得られなければ、翌日はもう止めてしまうというのが多いのです。むかしも今も大機根の人などというものは、そうたくさんあるわけではありません。

そこで前の問答につづいての質問ですが、それには、

もしかくの如くんば我れもまた修行すべし。いかんが安心し、いかんが用心せん。

とあります。大覚禅師が前のところで「一座の坐禅は一座の仏、一日の坐禅は一日の仏」だと示されたので、そういうわけのものならば私も一つ大根機をふるい起こして修行いたしましょう、ついてはその場合どのように心を安んじ、どのように心を用いたならばよろしいでしょうか、というのがこの質問の趣旨であります。

答えて曰く、仏心は一切の相に着するなし、離相をもって実相と為す、行住坐臥四威儀のうち坐をもって安穏の義となす、以て端坐思実相というなり。

ここに「仏心は一切の相に着するなし」とありますが、これを裏返して申せば「一切の相に着する」のが凡夫だということになりそうです。つまり迷いとは結局のところ、見るにつけ、聞くにつけ、その見る物、聞く声など、いっさいの相に執着するところから起こるのです。ところで「一切の相」と申しますが、その根本は何かというと「おれが、おれが」という自己の実在に捉われる迷想、すなわち我相です。その「おのれ」というものがほんとうは無いものだ、無我であり無相であるのだと知って、有相を離れたのがわれの実相つまり真実のわれの相なのです。そのようにわれわれの本来具有するところの仏心、仏性というものは、なんらの姿形のないものですから実相は無相——すべての形相を離れたのが真実の相だというわけです。その心や身体の有相を離脱した無我無心の心身脱落境、絶対無の境地を体得する道、いいかえれば一定した形をもたない生命の実相を体得して、いっさいの束縛から解放された自由無碍の人間となることが坐禅なのです。「端坐思実相」というのは、そのことをさすのであります。

この「端坐思実相」ということばは、普賢観経というお経に「一切業障海《ごっしょう》は、智妄想より生ず、若し懺悔せんと欲せば、端坐して実相を念ぜよ」とあるのから引用されたものとおもいます。そこで問者は、それではその端坐思実相とはどういうことか、くわしく説明していただきたいとたずねたことが、その次の問答にみえております。大覚禅師はそれに答えて「端坐とは如来の結跏趺坐、思実相とはいわゆる坐禅なり」といわれております。「端坐」の端の字は「正」と同じ意味ですから、端坐といえば文字通り「坐を端《ただ》す」ことであり、「端《ただ》しく坐る」ことでもあります。しかし正しく坐るということは、必ずしも山の中の石地蔵さんのように、ただ動かずにつくねんと坐っておればそれでよいというものではありません。あらゆる煩悩や束縛から解き放される、つまり心身脱落しておらなければ「端坐」とは申せません。「思実相」というのは、そのような「端坐」の内容とみてもよいでしょう。われの実相――真実のわれとは、本来無形無相のものであると体認することです。ところが、質問者にはその「思実相」すなわち無相の境がよく判らないものとみえて、引きつづいていろいろの質問が出てまいります。その中には、黙って何もせずに坐っていてなんの奇特があるのか、それよりはお経を読むとか名号を唱える方がよいのではないかとか、善根の功徳を積まないでどうして成仏できるかとか、いろいろの疑問を持ち出しております。禅師はそれらにいちいちていねいに答えております。そして終いに無所得、無功徳、無心だといわれたので、問者は次の疑いを起こします。

問うて曰く、無心とは如何ん、もし一向に無心ならば誰れか見性し、誰れか悟道し、誰れかまた説法教化を為すべきや。

無心とか無相とかいうと、通常まったく死灰枯木のようになって、外界の刺激に対してもなんらの反応も示さない状態と考えている人も多いようです。この質問者もその一人とみえます。

答えて曰く、無心とは一切愚痴の心なきをいう。邪正を弁ずる底の心なきをいうには非るなり。われ衆生を思わず、亦た仏を望まず、又た迷を思わず、悟を求めず、人の尊敬に従わず、名利養聞を望まず、毒害怨讐を厭わず、一切の善悪について差別の念を起さざるを無心の道人というなり。故に云く、道、無心にして人に合し、人、無心にして道に合すと云々。

こう親切に答えられております。無心とはなんの感覚もない木石のようになるのではなく、愚痴の心のないことだと禅師はいわれます。愚とは闇昧なりで、物の道理の判らないことであり、痴とは慧ならずですから、知が病んで心の昏迷している状態でしょう。物の道理にくらくて正確な判断ができない無明の状態が愚痴というものだとおもいます。そのような愚痴の心のないということは、逆に申せば明々白々に道理の判ることになりましょう。無心とは一般に誤解されているように、死灰枯木のようなものではなく、頭のきわめて明瞭な状態をいうのです。よく明鏡止水などと申しますが、その磨ききって塵一本ない明らかな鏡が、対象を赤なら赤、白なら白と、寸分の誤りもなく正しく映すように、心に一点の既成概念もなく、無我無心であれば対象をあるがままに判断できるわけです。ただ人の心は鏡とちがって判断したら間髪を容れずに、即応的に行為する能動的なものだということを忘れてはなりません。無心とは、そのように「邪正を弁ずる底の心なきをいうに非ず」で、智恵のハッキリした境地ですから、邪は邪、正は正で明瞭に弁別はしますが、だからといって必ずしもその一方に拘泥執着するものではありません。また衆生と仏とを天地のように区別して、衆生を捨てて仏を取るとか、迷悟の差別に立ってひたすら迷を排して悟りに尻を据える、などということのないのが無心というものです。ほんとうの無心の境にあれば、われと真理、われと道とが一つに融け合って、われの外に道を見ず、道の外にわれを知らずといった、一如の世界に到達するわけです。そのようにいっさいの差別から超脱し、何ものにも心を動揺させないのが、「無心の道人」というものです。

この辺のところは非常に誤解されやすい点で、こういうところを見当違いをすると、お悟りの薬などというものをありがたがるようなことになります。私はまだお悟りの薬というのを飲んだことがありませんので、どういうものかよく知りませんが、むかしから正月などにはいたるところで正体なく、前後不覚になって討ち死している酔漢を見かけます。あれなどもお悟りの薬的な意味では、一種の心身脱落の境地だといっていえないことはないでしょう。「無心とは一切愚痴の心なきをいう。邪正を弁ずる底の心なきをいうには非るなり」ということばをよく味わってみていただきたいものです。無心とは無明を去った捉われのない心のことで、邪は邪、正は正と判別するとともに、それに対応して自由自在にはたらき出す無相無形の主体をさしておるのです。孔子さんも「飽食終日、心を用うる所なくば難いかな。博奕というものあらざるか、之をなすは猶お已むにまされり」とおっしゃっています。ポカンとして木か石のようにしている似而非無心の徒よりは、むしろ、ねじり鉢巻でバクチでも打っている方が、まだ活き活きして気がきいているわい、というわけでしょう。くれぐれも誤って解さないように願います。

問うて曰く。見性成仏とは如何なる道ぞ、性とは何ものにして、見とはいかなる見ぞ。智をもって知るべきか、目をもって見るべきか如何？

次には見性成仏ということについての質問であります。性とは何をいうのか、見るとはどういうことか、智恵でみるのか、それとも目で見るのか、という質問です。どうやらこの質問者は見性という目か智恵かで「性」という固定的な何ものかを、対象的に客観的にみることだと勘ちがいしているようです。まず大覚禅師の答えからうかがってみましょう。

答えて曰く、経論を学んで得る智は見聞覚智、分別の智なり、この修行にはこれを用いず。回光返照して本有の自性を知見するを慧眼と名づくるなり。見性ののちは見聞覚智もまた受用すべし。

禅師の答えられるには、お経や仏教の理論などを勉強して得た智恵は、見聞覚智といって、ものを分別する後天的な智恵であって、そういうものは坐禅の修行には用いない、というのです。われわれは本を見たり、人から理屈を聞いたりして、生まれてから後にいろいろのことを覚えて、いわゆる知識を積んでまいります。老子の「学をなせば日に益す」というのがそれでありますが、そのような見聞によって得た知識というものは分別の知といって、ものを分割するものです。知識というものは判断を本質とするものであること、東西ともに変わりはないようです。何も科学的な知識だけが事物を分析し、分割するものではないようです。日本でもむかしから物事を理解することを「分った」と申しますが、その「分る」ことが知識なのです。知識というものは、あれか、これかと、いつもものを二つに見ますし、また見る主と見られる物とがまったく別れて対立しておるものです。そのような二元相対的な立場にある分別智をはたらかせて、「性」という存在を「見」ようとしても、とうてい見えるものではありません。坐禅の「修行にはこれを用い」ないわけであります。そうではなく「回光返照して本有の自性を知見する」ところの智恵でなくてはなりません。これを「慧眼」と申します。慧眼、あるいは智眼とは、ものの奥にひそむところの、そのものの存在する理由というか、道理を見分ける眼のことですが、これは分別知のようにものを外から分析し観察して得られるものではなく、自分の雑念や妄想を静め、深く内に沈潜してはじめて得られるものです。これを「回光返照」と申します。「回光返照」とは、外へ向かう心を百八十度転回して内に向け、自分の脚下を照らし本来の面目を反省することです。禅師は別のところで「心念、境界に遷《うつ》らず、本性に向うを回光返照という」と説明されていますが、その意味だとおもいます。つまりものの本質を見抜く慧眼は、分別智のように外界にばかり向かってはたらくものではなく、逆に自分の内部に向かって照らすはたらきをもっていますから、それによって自己本来の面目、すなわち「本有の自性」——さらにいいかえるなら、持って生まれた心の本体を徹見するのが見性というものです。しかし、その場合、たとえ内側に返し照らして見たとしても、内にある「性」というものを対象的に見たのでは何にもなりません。内にひるがえってみても、対象として見れば、それはやはり依然として自己の外に見るものといわなくてはなりません。明末の儒者、呂新吾のいったことばに「一なれば即ち性を見、両なれば即ち情を生ず」というのが彼の

『呻吟語』にありますが、まことによくこの間の消息を喝破しているとおもいます、見るものと見られるものとが渾然として一であれば、見るというはたらきそのものがただちに性だといってよいのですが、見るものと見られるものとが相対して二つになっていると、そこに「情を生ず」で煩悩、妄情を生ずるというのです。一なれば見即性です。見るというはたらきのほかに、別に見られる性というものは無いわけです。そのようにして「見る主」そのものをハッキリ自覚できたら、その「見る主」が自由自在にはたらけば手に任せて拈《ねん》じ来るに不是あることなしです。孔子さんが「心の欲するところに従うて規を越えず」といわれたように、見たいものを見、聞きたいことを聞き、したい放題にしても、そのすべてが道に合し道以外のものではない、ということになります。「見性ののちは見聞覚知もまた受用すべし」といわれたゆえんであります。これで質問者も一応は納得がいったようですが、しかし耳で聞いただけでは、シンから釈然とするわけではありません。そこで次の質問が出るわけです。

問うて曰く、本有の自性を知見すとは、知見は知るべきも、本有の自性とは如何。

なるほど「知る」ということにも、回光返照してそのもの自体に成りきり、そのものとまったく一つになるという知り方と、対象的に分別し分析して認識する仕方とがあることはよく判りました。けれども、肝心の「本有の自性」ということがまだ判りません。われわれが日常、目で見たり耳で聞いているこのもののほかに、どこかに別に「本有の自性」というものがあるでしょうか。

答えて曰く、一切の衆生、本来、性あるが故に自体を扶起す、この性は無始より以来、生ぜず滅せず色もなく形もなく常住不変なり、これを本有の自性と名ずく、この自性は一切の諸仏と一味平等なるが故に仏性と名ずく、一切の三宝も六道の衆生もこの性を以て根本となし、一切の法を成就す。

いっさいの衆生といえば、この地上すべての存在のことですが、庭の木や山の石のことまでここで問題にするには及びますまい。われわれ自身のことと理解してもよいわけです。われわれはいのちがあって生きているのですが、そのいのちの根源になる何ものかがあればこそ、このように手を振り足を運んで動けるのでしょう。もっともある有力な原子物理学者に聞いたのですが、すべてのものは原子からできていると申します。その原子は非常な速度で動いているそうですが、私がそれはなぜですかと聞いたらエネルギーの作用だとのこと、そこでさらにエネルギーはなぜ、なんの力で動いているのですかと聞くと、「それは不可知だ」と申されました。その不可知なるものを、ここで「本来性」といったとみても悪くはないと存じますが、どんなものでしょうか。

その本来の性すなわち本心なるものは、天地のはじまる前からあるもので、そのものの出生は判りません。般若心経にいうように不生不滅のものです。盤珪禅師は、不生ならば不滅にきまっている、不滅だなどというのは蛇足だ、まだ生じないものに滅しようはないではないか、という見識から「不生」とだけいわれたわけですが、なるほど生じないものが滅するはずはありません。中庸に「上天のことは声もなく臭もなし」とありますが、われわれの本心も赤でも白でもなく、三角でも丸でもありません。「白露のおのが姿をそのままに、もみぢにおけば紅の玉」で、たとえてみればその白露のようなもので、それ自身には色も形もありませんから、かえって、どんな色にでも、どんな形にもなり得るわけであります。けれども、そうかといって紅葉の上においたら赤い色をした幼な子の手に似た格好になったきりかというと、そうではありません。紅葉の上においたという原因がなくなればもとの白露に戻ります。「常住不変」であるゆえんです。このような本来の性質を、われわれの生まれぬ先から持っている自性というのです。この自性は、「一切の諸仏」と寸分ちがわない性質のものですから、自性をまた仏性ともいうわけで、自性と呼んでも仏性といっても、本来の面目と申しても、本来心といっても、名前がちがうだけでそのものの本質はなんら異なったものではありません。ありとあらゆる三世の諸仏も、犬でも猫でも柱でも敷居でもこのような本性を根本のよりどころ、いのちの根源としないものはありません。いっさいの存在はことごとくこの本性に根ざしているもので、これ以外のものは何一つないのであります。そのような縦は過去・現在・未来のいっさいの時間を通じ、横はどこもかしこもあらゆる空間に行き渡っているものが「本有の自性」といわれるものであります。

二　物を転ずる自由

問うて曰く、坐禅は一念不生を以て省要となす、念を以て念を止むれば即ちこれ血をもって血を洗うが如し、如何。

坐禅とは、どういうものかというに、それは一念をも生じないことであるという。もしそれがほんとうなら、そこに一念をも起こすまいとする念があるのではないか、たとえていえば、血のついた布を血で洗うようなもので、それでは古い血は落ちても新しい血がつくことになり、結局血は落ちないのではありませんか。つまり、起こすまいとする念が残るから、それでは一念不生ではなく、したがって坐禅の本旨に添わないのではありませんか、という質問です。これと同じようなことばが、盤珪禅師の『御示聞書』の下巻にあります。それを引いてみると、こうです。「譬を以て言いましょうならば、血を以て血を洗うようなものでござる。尤も血はおちましょうけれども、又後の血がつきまして、何時までも赤気はのけませぬ。そのようなものでござって、前の止らぬ恚《いか》りの念は止みましょうけれども、止（め）に懸けた後の念が、いつまでも止らぬことでござる。」と。これに対して大覚禅師は、次のように答えられました。

答えて曰く、一念不生とは、いわゆる心法の本体なり。念を止るにあらず、また念を止めざるにもあらず、ただ是れ一念不生なり。もしこの本体に合せば、これを法性の如来と名づく。然るときんば則ち坐禅もまた無用なり。迷もなく悟りもなし、あに念あらんや。もしこの本体を知らざれば不生を得べからず。たとい念を押えて起さずと雖もみなこれ無明なり。たとえば石の草を圧して久しからざるにまた生ずるが如し。綿密に工夫すべし、容易なるべからず。

「一念不生」ということがどういうものであるかは、これできわめて明瞭です。それは念を止めることでもなければ、止めないことでもなく、じつにわれわれの心の本然の姿が一念不生そのものだというのです。盤珪さんの説明が非常に判りよいのでそれを引いてみますと、そこのところを「当年三つ四つの幼稚の子供の遊びのように、うれしきも悲しきも続いてその念に拘らず、止（めよ）うともやむまいとも、思わず知らず居さしやるところが、とりも直さず不生の仏心で居るというものでござる」といっております。禅師の答えとまったく同じであります。盤珪さんはまた「その如くなった人を、決定した人といひて、すなはち今日不生の人で、みらい永劫の活き如来でござるわいの」ともいっております。本文に大覚禅師が「これを法性の如来と名づく」といわれたのと、これまたまったく符節を合するごとしであります。こうなれば「坐禅もまた無用なり」ということになりましょう。この点も「身どもは仏法もいわず、又禅法もいわず、説（こ）うようも御座らぬ」といっている盤珪さんと揆を一つにしております。

普通一般には「一念不生」といえば、なんの想念をも起こすまいとする、いわゆる無念無想のことと考えられがちですが、それがわれわれの心の本体なのだということの答えは重大だと存じます。盤珪さんの不生禅とあわせて十分に含味する必要があります。この一念不生の本体を自覚せずに、ただ「念を押えて起さず」にいる分では、たとえ毛筋ほどの一念も起こさないとしても、それは畢竟「無明」に過ぎないと大覚禅師はいわれます。われわれは「鳥の声、鐘の音、一切の物音、一念も動かさずして悉く聞きつくるなり。惣じて朝より暮に至るまで、一切の事、一念不生に働けどもそれを知らず、みな分別料簡にて働くことと思う、大いなる錯りなり」という盤珪さんのことばを、ひとつ「綿密に工夫」したいものです。これを簡単に鵜呑みにしてアアそうか、と早合点したらそのまま悟りになってしまいます。まさに容易にしてまた「容易なるべからず」であります。

問うて曰く、一切の善悪すべて思量すること莫れ云々と。善悪について思量する無きを尤も坐禅の用心となす。小々大々の念とは如何。

これは中間省略いたしましたが、この前の答えに「小々の念を押えて大々の念を知らず」ということばがあったので、そのことばじりを捉えたような形になっております」「真実の道心なき人は工夫疎なるによって心の過を知らず」、したがって小さな念を押えることは知っても、大きな念を見のがしていると禅師はいわれますが、しかし古語には「一切の善悪、すべて思量すること莫れ」とあるではありませんか。大きかろうが小さかろうが、また善でも悪でもいっさい取り合わないのが坐禅の要術だと聞いております。それなのにどうして大念、小念などの区別ができるのでしょうか。どうも合点がまいりません。まず、大念とは何か、小念とは何かということをお示しくださいませんか。

答えて曰く、一切の善悪すべて思量すること莫れというは直截の語なり、坐禅の時ばかり之を用うべきにあらず、もしこの田地に到れば行住坐臥みな禅なり、必ずしも坐相に執せざれ、祖師云く、行もまた禅、坐もまた禅、語黙動静、体安然と。仏経に云く常にその中に在て経行し、もしくは坐臥す云々。小小の念とは目前の境界について俄かに起る念なり、大大の念とは貪欲、瞋恚愚痴、邪見、嬌慢、嫉妬、名聞、利養等の念なり、坐禅のとき、志薄き人は小小の念を収むと雖も此の如きの悪念覚えずして心中にあり、これを大大の念と名づく、この悪念を棄捨するを直に根源を截《き》ると名づく、直に根源を截るときんば則ち煩悩も菩提となり愚痴も智恵となる、三毒も三聚浄戒となり、無明も大智法性となる。況んや小小の念をや、仏語に若し能く物を転ずれば即ち如来に同じとはこの意なり、ただよく物を転ずべし、物に転ぜらるること莫れ。

この段はずいぶんと長い答えですが、意味は説明を要せずして明らかであります。「一切の善悪、すべて思量すること莫れ」というのはただちに根源を截るということであって、ただ善と悪ばかりではなく、生死とか煩悩とかいう命根を截断することであります。命根とは、唯識論にいわゆる八識に当たるとおもいます。八識はこの頃の深層心理学でいう集合無意識に当たるもので、過去の全人類の経験を記録しているので含蔵識ともいい、生死流転の根源だと考えられております。「無量劫来生死の本、痴人は喚んで本来の人となす」と、長沙景岑《けいしん》禅師（八六八寂）がいわれたのも、その八識を真実の自己と考えることの誤りを指摘されたものです。そこで白隠禅師は「八識田中に一刀を下し」て、命根を断てとやかましくいわれるのです。ひとたびこの断命根をやってのけたなら、坐禅のときばかりではなく、行動しているときでも寝入っているときでも、すべてが禅だという境地にいたります。永嘉大師が『証道歌』で「行もまた禅、坐もまた禅、語黙動静体安然」といわれたのも、また経文の中に「常にその中に在て経行し、もしくは坐臥す」とあるのも、みなその意味です。なぜならば、一たび断命根を行じ、煩悩の根をプツリと断ちきってしまえば、八万四千の煩悩はたちまちにして八万四千の法門に一転するからであります。こういうと前の答えと少し矛盾するようですが、そうではありません。前に「綿密の工夫」とか「容易なるべからず」とか、禅師は一本釘をさしておられるのであります。そこで、小小の念とは花を見てはアア美しい一枝欲しいとか、子どもの泣き声をきいてウルサイと怒るなど、目前にふれた環境に作用されて起こるたわいもない妄念のことであり、大大の念とは貪、瞋、痴その他三毒五欲などの、人間の本能に根ざすところの煩悩のことです。前にいった「直截根源」とは、このような人間の根本的な欲望、生死流転の根本原因となるもの、すなわち八識を断ち切ることなのであります。「物を転ずる云々」は、次の質問に出てくるのでそれに譲りましょう。

問うて曰く、もしよく物を転ずれば即ち如来に同じとは、物とは何物ぞ、転ずとは何事ぞ。

前段で仏語を引いて、「よく物を転ずべし、物に転ぜらるること莫れ」と禅師がいわれたので、それでは物を転ずといわれるその物とはいったいどんなものですか、また転ずるとは、どうすることでしょうか、と質問されたわけです。これに対して禅師は次のように答えられました。

答えて曰く、物とは万物なり、転ずとは体脱なり、物を転ずとは一切の境界について心を遷さず、返って本性に向うなり、境、心を礙《さ》えざれば天魔、鬼神、煩悩、生死も便りを得べからず、これを物を転ずという、物に心を遷さざる用心なり、仏見法見なお以て截《き》るべし、何ぞ況んや妄念をや、截る心も念の心に似たりと雖もこれは正念なり、正念は慧念と名づく、これは正見に入る智恵なり。

まず物とはなんぞやという質問に対しては、「物とは万物なり」、この世の中にあるところのいっさいの存在をさして物というのである。「転ずるとは体脱なり」、体脱というのはそのもの、そのことと一つになってしまい、物我一如になることによって対立意識を超越してしまうことだとおもいます。その体脱ということが、物を転ずるということだ、というのが禅師のお答えです。まずこう答えておいてさらにいわれるには「物を転ずる」とは、あらゆる外境に対して少しも捉われないことである、自分がいま現に接している外境に心を奪われ、それに引きずり回されないで、逆に自分の内に向かって本心を失わないでいることである、とていねいに訓えられております。

むかし鏡清禅師が僧に向かって「門外これ何の声ぞ」とたずねられたとき僧が「雨だれの音です」と答えると、鏡清は「衆生顚倒して己れに迷うて物を逐う」といわれました。外界の事物に心を奪われ、主客が逆になっているぞ、ということでしょう。これは道元禅師のいわゆる「聞くままにまた心なき身にしあれば、己れなりけり軒の玉水」というように、ザアザア、ポトリポトリという雨滴の声を、無心でありのままに聞いておれば、自分自身がそのまま雨だれとなって落ちてくるのですが、自他を隔て主客を分別すると、われが自己ならぬ雨滴という外物を逐っていることになります。

白隠禅師が『おにあざみ』の中で「煎茶摘むべからず坐禅すべし、看経すべからず坐禅すべし、掃除すべからず坐禅すべし、馬に乗るべからず坐禅すべし、納豆作るべからず坐禅すべし、茶の実種うべからず坐禅すべし」という『真珠庵法語』を引用して、これは「一向に万縁を抛却して坐禅せよとの心には侍らず」といっておられますが、朝から晩まで何もせず線香の匂いを嗅ぎ、顔をしかめてムーとかなんとかいいながらツクネンと坐っているばかりが坐禅ではありません。煎茶を摘むという労働がそのまま坐禅でなければなりませんし、馬に乗るという訓練がただちに坐禅であるように心がけなければなりません。『談笑戯論』でも、単に「動足挙手」することでも、そのすべてが「一枚の禅定三昧」でなければなりません。笑うときは天地もどよめく笑い三昧、話をするときには全身を口にして舌なくしゃべる弁説三昧、そのことのほかに禅はありません。白隠禅師はそれが「物を転ずる」ということだといっておられます。

ここに大覚禅師が「物を転ずとは、一切の境界について心を遷さず、返って本性に向うなり」と仰せられるのは、かの六祖大師が「外、一切の善悪の境界において心念を起さざるを名づけて坐と為し、内自性を見て動ぜざるを禅と為す」といわれているのと、まったく揆を一にしております。このような境地が手に入れば、どんな美しいものにふれても心は少しも欲望執着せず、どんなおそろしい目に遭ってもビクとも動揺するものではありません。そうなると「たとい鋒刀に遇うとも常に坦々、たとい毒薬もまた間々」と『証道歌』にあるように、わが本心の自由なはたらきを妨げる何ものもありません。天魔鬼神が現われて誘惑したり脅かしたりしても、またいろいろな悩みや生死の問題に直面してもいっこう平気です。そういうのが物を転ずるということで、臨済禅師のことばで申せば「随処に主となる」ものでしょう。したがって決して対境の奴隷とならず、「天地《あめつち》を肚に収めて乞食かな」と、古句にあるようにいつでも、どこでも主人公となって、天地のド真ん中に泰然とドン坐って万境に対処していくのが物を転ずるということでしょう。

禅では仏見とか法見などというありがたそうなお悟りや、また奇特や不可思議な常人にマネのできそうもないことは、すべてこれを否定します。いわんや煩悩妄想をやです。しかし煩悩や妄想を起こす心と、それらを断ち切る心と、心に二種あるわけではありません。太陽が没すると夜の闇が四辺を覆ってしまうように、われわれの本心の智恵がくらまされた状態が妄念であるに過ぎません。だから、つねに心を太陽のようにかがやかして暗を破らなければなりません。それを正念と申します。

正念を相続するということは大事中の大事でありますが、やさしいといえばこれほどやさしいものはなく、むずかしいといえばこれほどむずかしいものはありません。なぜやさしいかといえば、盤珪禅師のいわれたように正念の相続とは、要するに持って生まれたままの不生の仏心でいればよいのですから、誰にでもできることです。しかし、そのきわめてやさしいことが容易にできないのは、われわれは気に入らぬものに対しては不生の仏心を怒りの心にしかえ、好きなものに対すると貪りの心にしかえて、一時はおろか半時も不生でいられないのが現実だからです。マタイ伝に「まことに汝らに告ぐ、もし汝ら翻えりて幼児の如くならずば、天国に入るを得じ」とありますが、われわれにとっていつも幼な子の心を保つということは「ラクダの針の穴を通る」よりもむずかしいことだと思います。また、正念相続というと人は誤解して、「正念」というある心的状態を失わずに持ちつづけることと勘ちがいしている向きもあるようです。そうではありません。正念は無念です。無念であるから、随在随処に人・境不二一体でいられるわけで、だからこそ「正念は慧念なり、これは正見に入る智恵なり」といわれたのであります。

白隠禅師のことばを引用してみましょう。

宝鏡三昧に曰く〃潜行密用、ただ能く相続するを主中の主とす〃と。これまた動中の工夫をいえり。潜行密用とは物静かなる処に潜みかくるる事には侍らず、千差万別の塵務の上、七縦八横の世波の間に於て正念工夫相続間断なからんとは、仏祖も計り知り玉はじの心にて侍り。かくいえばとて七縦八横の中に、珠数貫ける絲の如く工夫せよの心には侍らず、大乗円頓の参学の士は千差万別の塵務取りも直さず直ちにこれ潜行密用の大事、七縦八横の世波のままにして、総にこれ正念工夫の全体なるぞと、行住坐臥の上に於て親切に参究するこれ肝心の秘訣に侍り。

まことに正念、及びその不断相続について明瞭に訓えられております。このことばは前に何回となく引用しておきましたが、正念とは「珠数貫ける絲の如く」、われわれの朝から晩までの行為を糸で貫いたようなものではありません。葉隠に「端的只今の一念より外はこれなく候」といい、「当念を守りて気をぬかさず勤め行くより外は何も入らず、一念一念と過すまで」といっているのと同じことで、当面したそのもの、そのことに成りきって私心や邪念のないことです。むかし、一休禅師が鰻屋の前を通ったとき、蒲焼の匂いが食欲をそそったのでしょう。「うまそうだな、一と串食いたいな」といわれたそうです。数町も通り過ぎた頃、お伴の小僧が「出家の身であんなことをいわれてよいものでしょうか」と、いうと、すました顔をして「お前はまだ蒲焼をブラ下げて歩いているのか。わしはあの店の前で捨ててきた」と、たしなめられたという笑い話があります。もちろん作り話でしょうが、正念ということが、珠数玉を貫く糸ではないということを示す、おもしろい話だとおもいます。

問うて曰く、悟りとは日比《ひごろ》知らざることも俄かにこれを知り、過去未来のことも知るべきや否や。

むかしから「悟り」ということばには一種の奇妙不可思議とでもいうか、神秘主義的な語感が伴うようです。これを「自覚」というようなことばにおきかえてみれば、なんの不思議さもありませんが、「悟り」というと水がめから火でも吹き出させる力でも得るかのように受け取られがちです。現今の人でもそんな感じ方をしている人が少なくないのですから、むかしの人がこの質問者のように、悟れば平生は判らなかったことが判るようになり、または過去や未来のことまで判るといった、万能的な力を具えるにいたるのだと誤解するのも無理はないと思います。これに対して大覚禅師は次のように答えておられます。

妄見みな尽くれば大夢俄かに覚めて仏性を知見す、是を大悟大徹と名づく。これは思量分別の測らざるところなり、過去未来のことを識るは神通力なり、そは修行の勲力に因る、大悟というべきに非るなり、天魔鬼神外道仙人らもみなこれ神通あり、昔し曽て難行苦行を修せし徳なり、この徳ありと雖も邪見を離れずんば仏道に入らず。

盤珪禅師の語録に、おもしろい問答があります。八郎兵衛というものがやってきて、盤珪さんに「むかしの知識（悟った人のこと）は、さまざまの奇妙を行なったということですが、和尚さんにも何か奇妙不可思議のことがありましょうか」と、たずねました。盤珪さんが「お前さんのいう奇妙とは、どんなことかね」と、聞き返すと、八郎兵衛はいわく「一向宗の開山は、越後の国で川の向こうに紙を持たせておいて、自分はこちら側から筆を揮うと六字の名号が書けたそうで、今でも川越の名号といって人が尊びます。たとえばそんなことです」盤珪さんは笑い出して「幻術使いはそれよりは、もっと不思議なことをする。そんなことを正法の場にもち出してくるのは、犬や猫を人間と比較するようなものじゃ」といわれたとあります。

走らせたら人間はとうてい犬に勝てませんし、鼠の取りっこをさせたら人間は猫に劣るにきまっています。だからといって、犬や猫が人間よりもすぐれたものだと考える人はおそらくありますまい。悟りというのは、そんな不可思議な力をもつことではありません。おれが、おれがといって、万事を五尺の体、五十年の命を中心にして考えたり行なったりする自我の妄執を離れて、「この身即ち仏なり」と自覚することです。凡夫である私どもが修行して、その結果として仏になるのでもなければ、いわんや普通の人にできないことができるようになることでもありません。本来、生まれたときから仏と同じ性質に生まれついているのに、それを忘れて凡夫だと思い込み、おれがおれがでこり固っているその妄見を打破して、本来性を取り戻し自覚すればよいのです。だから古人は、そんなのを「背覚」といっております。つまり自覚に背を向け、そむいているだけだというわけです。

　むかし百丈禅師に向かって一人の僧が「いかなるかこれ奇特の事」と質問しました。奇特とは、めずらしくすぐれたことですから、この世の中で一番ありがたいこととみてよいでしょう。そのとき、百丈禅師は「独坐大雄峰」と答えたと申します。大雄峰というのは大きな高い山ということではなく、百丈禅師のおられたところの名ですから、独坐大雄峰とは「わしが、いま、ここに、こうしてドン坐っていることだ」という意味です。法、法位に住すと申しますが、物がそれぞれあるべきようにあるということ、そのことほど考えてみればありがたい不思議なことはありません。明恵上人は「くり返えし一大蔵経よみたるに、あるべきようの六字なりけり」と詠じられましたが、禅も結局はそれに尽きましょう。

　何もない風呂敷から金魚鉢を取り出したり、死んだ人の霊魂と話したりということは、それはそれとして修行すればあるいはできることかも知れませんが、それができたからといってそれは悟道とはなんのかかわりもないことです。それは奇術、トリック、または「神通力」というもので、決して悟りではありません。すなわち、禅師が「曽て難行苦行を修せし徳なり」といわれるゆえんです。徳は得なり、で修行した結果として、そういう力を得たというほどの意味です。

しかし、神通力といっても臨済禅師は「色界に入って色惑を被らず、声界に入って声惑を被らず云云」というようなものだといっています。色声香味触法などの六種の外境はみな空相であり、本来、実体のあるものではないと看破してそれらの外境に捉われず、自由自在に振舞えるのがほんとうの仏の六神通だと申すのであります。「神通並びに妙用、水を運び又た柴を搬《はこ》ぶ」という語もあるように、禅の立場で申せば、水を汲んだり薪を運んだり、そろばんを弾《はじ》いたりクワを振ったり、という日常生活が何不足なくできるということこそ、神通妙用であるといわなければなりません。

最後に問者が「顕密の諸宗はみな教理智断行位因果の八法あり、二乗声聞は四禅八定を修め、火水風の三災の難を離れ、色受想行識を空じて無余涅槃に入る。菩薩は三聚浄戒を持して慈悲万行を修し、三賢十聖の位を経て内外の煩悩を断ず、若し煩悩なきところ仏界ならば何によってか三世の諸仏は真如法界を出でて生死の欲界に来ることあらんや」と、質問をした答えを紹介して、この項を終わりたいと存じます。

この質問のことばはむずかしいので、この語解をしていたのではそれだけ何十頁もかかってしまいますから、ここでは要を摘んで申します。仏教にもいろいろの教理があり、修行者にもさまざまの素質がありますが、それらは要するに修行者の素質に適応した方法で、人間の本能に基づくところの煩悩をなくして、仏の境界に達し安心立命するということに帰着するといってよいとおもいます。ところで、もし煩悩の患いのないところが仏の世界だというならば、三世の諸仏はなぜその煩悩妄念のない悟りの世界に安楽に暮らしていないで、わざわざ生死の世界、凡夫どもが血眼になって七転八倒しているこの苦しみの世の中に現われたもうたのか、というのが問いの要点です。

仏とか菩薩とか、要するに悟った人びとは、その悟りの福音を迷える凡夫に頒ってその人びとを済度するのを自分の任務として自覚されている人びとです。したがって、衆生の苦しみを救う心のないものはほんとうに悟った人でもなければ、仏、菩薩でもありません。いくら悟っても、自分だけ悟って苦しみを脱すればよいとして、独り自ら行ないすましている「二乗声聞」の徒は、「解脱の深坑に入る」というもので、それはまだ悟りに執着し、真理に捉われているものというほかはありません。そんなのは、死に坐禅をしたに過ぎません。ほんとうに悟った人ならば、住みよい寂光の楽土を離れ、暮らしにくい五濁の悪世に打って出て、衆生済度に奔走するはずです。たとえば高原地帯に蓮の花は咲かず、湿地や泥沼の中にこそ美しく咲き出るようなものです。

争いもなく、悩みも苦しみもなく、煩悩も起こらないような絶対平和の世界には、仏法や禅の必要はないのです。人びとが悪業煩悩に悩み、生死の苦しみにノタ打っているからこそ、その人びとに対して応機説法して、悟りの種を植えつけ、自覚の機会を作ってあげる必要があるのです。だから、仏、菩薩は自分一個の解脱に満足せず、この穢れに穢れ、濁りに濁った世の中に出てきて、食うや食わずの生活に甘んじ、垢だらけの破れ衣を身につけて、衆生とともに苦しんでいるのです。やがてそのことが実を結び、容易に抜きがたい凡夫の迷いも抜き去られることになるのであろう、と、このように禅師は述べられております。むかし崔郎中というものが趙州和尚に「あなたのような大和尚でも地獄におちますか」と尋ねると、趙州は「まっさきにおちるさ」と答えました。「それはまたどうしてですか」と、再度質問すると、趙州は「もしわしがおちていなかったら、君はどうする？」といわれたと『趙州録』にあります。また、ある人が「仏さまでも煩悩がありますか」と趙州和尚に聞くと、「一切衆生を何とかして安心させてあげたい、というのが仏の煩悩さ！」と答えたともあります。『坐禅儀』の冒頭に「夫れ学般若の菩薩は、まずまさに大悲心を起し、弘誓願を発し、精《くわ》しく三昧を修し、誓って衆生を度し、一身のために独り解脱を求めざれ」とあるのは、そのような意味からだと思います。

さて、大覚禅師は、最後に「天地と我れと同根、万物と我れと一体なり、しばらくいえ、我れはこれ何物ぞ、もし喚んで仏となさば天地はるかに隔たる」こう結んでおられるのであります。天地と同根、万物と一体の絶対者ならば、仏という一字さえ容れる余地はないはずです。

三　超越解脱の世界へ

これまでの私の所論に対し、「公案」がはたして完全な宗教的方法といえるかどうか、に疑問を寄せられた人があります。「公案」というのは、『碧巌録』とか『無門関』、あるいは『葛藤集』などに示されたような、古人の体験された事実をわれわれの課題として参究するとき、その課題を呼ぶ名です。それは古人の自己開発の事実ではあっても、われわれにとっては直接的な深刻な人生の悩みだとは必ずしも申せません。そこで論者は、公案は実存に即していないのではないか、人間自体と公案とは離れて存在し得るものだ、だから公案禅をやり上げたところで、それはたとえば国家試験もインターンも済んで医者になる資格を得たのと同じことであって、修行へのスタートではあっても〝正覚〟とはなんの必然関係もない、したがって完全な道諦といえない、という議論であります。至極ごもっともな議論であります。

この疑問に対する私の解答は、これまでの坐禅論をよく読んでいただけばおのずからそこに明らかだと存じますので、直接ここでは申しあげないことに致します。

ただここで、禅の専門家でない人の公案に対する見方の一つとして、田辺元博士の説を紹介して間接的にその回答ともしたいと存じます。それは田辺博士がとくに公案について論じられたのではありませんが、戦争前に評判だった『正法眼蔵の哲学私観』中で、公案に触れておられるのです。フトそのことを思い出しましたので、書棚の中から二十数年のホコリを被った同書を取り出してみました。必要部分だけを読み返してみますと、その頃、私が引いた傍線の個所は依然興味ふかいものがあります。それは同書の第六章、「絶対現実の立場」という項の半ば過ぎにあって、道元の黙照禅と臨済の看話禅との同異から「僧堂に入って禅の修行をしたこともない私が、斯る事を言うのは憚られるけれども」と、きわめて謙遜された態度で論じられております。

「私は教家に対する禅門の特色は、公案の否定的媒介を以て坐禅弁道を行為に転じ、単なる観想諦観を身と心、境と機との互奪双亡に依る無の行為的現成に主体化することにあるのではないかと思う」と、まず教家すなわち理論仏教に対する禅の特色をあげています。禅にも、もちろんインド、中国、日本と三国を伝統してくる間にいろいろの変貌はありましたが、鈴木大拙博士が『臨済の基本思想』で明らかにされたように、結局のところ臨済禅師、乃至は臨済禅の特徴は身心一枚の「人」そのものの全体作用にあるといってよいとおもいます。その「人」とは、「身と心、境と機との互奪双亡」になる無的主体でしょうから、禅門の特色は田辺博士のいわれる通りだとおもいます。

「定慧不二は行の媒介によって成る。此意味に於て日本の白隠禅は、禅道の大成であるということも出来るのであろう。公案は東西全く類例を絶する修道の方法である。我々の功夫弁道に手懸りを与え、悟道の階梯を方便するものとして公案禅は無比の力を有する」とあって、博士は公案は「東西全く類例を絶する修道の方法」つまり、苦集滅道の四諦の中の道諦としての第一級品であることを保証されておるのであります。私も「公案禅は無比の力を有する」と考えている者です。それを〃無力〃にしてしまうのは、その公案を用いる本人自身の責任だとおもいます。

「教家の観想には具体的なる通路がない。教を学び戒を修するも、それは単にそれだけのものとして日常の思惟、現実の生活から遊離し、能く現実を媒介して平常心是道の具体的機境一如に導く組織的方法とはならない。禅は正に此方法を与へるものである」まったくこの通りで、禅者はつねにこの点を強調するのですが、一代の碩学がこうも鮮やかに指摘されたことはありがたい次第です。

「而もその絶対媒介の立場に於ては、いはゆる修証一如であるから、方法の外に目的があるのではない」と、続けておられます。すなわち、修行という方法の外に証悟という目的はなく、証悟という目的の外に修行という方法はなく、両者は行為によって媒介されてまったく一つになります。それを別な言で博士は次のようにいっております。

公案によって日常的比量的思惟を二律背反の窠窟に逐ひ込むことは、同時に出身の一路を開くことに外ならぬ。不思量底を思量する非思量の絶対否定は、二律背反の不思量を通じてその底から現成するのである」

たとえば『無門関』に、首山省念禅師が竹篦《しっぺい》を示して「もしこれを竹篦とよべば触れ、竹篦とよばなければ背く、然らば何とよんだらよいか」といったという公案があります。私どもは日常このような二律背反の問題にいつも悩むのですが、公案はそういった問題を与えて修行者をニッチもサッチも行かないドタン場――博士のいう「二律背反の窠窟」に追い込んで、そこから出身の一路、すなわち超越解脱の世界を自覚させるのです。ですからこのような「二律背反の不思量底を思量する非思量の絶対否定的転換は、具体的にはすなはち公案の作用」だというほかはありません。どちらももっともだとおもわれるような、しかも両者まったく相反する二つの命題にはさまれて、なんとも考えようもない状態——不思量底を突破して絶対の思量、矛盾の消えたいわばおもうという行為そのものに成りきるところに公案の作用があるわけです。したがって「公案を全然排するならば、禅の面目は失はれる。それ程にも公案は禅の中枢を成すもの」であると申せます。

そういうふうに考えてまいりますと、「祖師の言行から、山川草木、飛花落葉の自然物、家常茶飯の日常事に至るまで、苟も比量的思惟を二律背反の難関に追詰め得る事態ならば、皆以て公案とするに足りる。一切事物が総に自己矛盾を含むと見る弁証法的世界観にとっては、世界何れの処にか公案ならぬものがあらう。いはゆる現成公案としては現実の全体が公案なのである」と、いうことになりましょう。しかし、この点は私ども専門家の立場から申せばそうだともいえますが、またそうではないともいえます。公案をすべて「二律背反の難関に追詰め」る手段としてのみ一義的に割り切ってしまうことには、軽々に同じ兼ねる面もあります。しかし、それをいい出すと、詳細に論議をつくさないとかえって混乱を招くおそれがありますので、ここでは一応博士の所論を全面的に肯っておくことにし、ただそれ以外の公案も、全般的な公案体系の中にはあるということだけを申し添えておきましょう。

いずれにしましても、博士が最後にいっておられるように「現実を絶対否定の肯定に転ずる行為の媒介たるものは、総て公案である」といえるわけで、そうみれば公案は「透関の箭符たる」ことにもなりましょう。この辺のところは先師精拙和尚の口吻をかりるなら「否定を否定すれば肯定に転ずる。全分の否定は全分の肯定じゃ」ということになると思います。現実をそのままにすべて肯定するならば、それはいわゆるそのまま悟りに堕してしまいます。それではほんとうの肯定にはなりません。そこにどうしても絶対否定を通さなければならない理由があるのですが、博士はそこに公案の作用を認めて「透関の箇符」といわれたものとおもいます。

私は博士の原文の全体を読んでいるので、我が意を得たりと独り悦に入っているようではなはだ申しわけありませんが、以上のきわめて簡単な紹介でも、博士の公案観の概略は知っていただけるのではないかと存じます。

『坐禅論』は、一応これで終わることに致します。

V　即の世界

一　仏法の真理三法印

先頃、都下五日市の広徳寺で青年指導者の研修会が三泊四日にわたって行なわれた際、不肖はその間、坐禅の指導に当たり、かつ毎朝「人生講座」なるものを担当いたしました。そのとき端しなくも一聴講者から〝涅槃寂静〟ということについて質問されましたので、不肖はとぼしい頭脳を絞って「三法印」についての禅的解明を試みました。もとより突然のことですから十分意を尽くせませんでしたが、不肖の平素の見解は端的に吐露したつもりです。越えて数日、近頃わが茅庵に朝参に来られる居士、大姉のため請われるままに『臨済録』を講じているその朝講に、これまた思いがけなくも〝涅槃〟ということばに当たったので、拡大的に三法印にふれてみたところ、講後「はじめて聞いた」と、その居士は感想をもらされました。もちろん参禅弁道の士が、理論仏教ないし仏教思想を弁えていることは必ずしも必須の要件ではないでしょうから、それを知らなかったからどうというわけでもありますまいが、知っていたから害になるというものでもあるまいと存じます。

忌憚《きたん》なくいえば、趙州と臨済とを比較するとき、不肖はなんといっても趙州の境涯の高さ深さを肯わざるを得ません。これはおそらく五六十歳代で亡くなった臨済と、百何十歳まで生きた趙州との年輪の差とでもいうべきものではないかと存じます。にもかかわらず、あの『臨済録』に見る透徹した明快さ、少しもアイマイのところのない冴えぶり、一刀両断の切れ味、あれは若くして経論を学び仏教理論に通暁し、法理に徹底した頭脳の所産、つまり法理をふまえた禅活動だからだと不肖は感ずるものです。ことに現在のように、諸説横行し、イデオロギー論争が世界的対立まで起こしているとき、いかに個人的に禅的に境涯が高くともそれらの思想判釈ができなかったり、アイマイだったり、二つを足して真ん中から割るような初等算術的態度ではダメだとおもいます。

そんなわけで、禅をやりながら仏教理論も知らない、そんなことははじめて聞いた、でも困りますので、これからしばらくババ談義をしてみようかと存ずる次第です。

仏教には八万四千の法門があるといわれます。その膨大な教理を一言にして道破したり、定義づけることはとうていできるものではありません。「自性」を知ろうとする禅門でさえも一千七百余の公案があると、お師家さんたちはご自慢なさるではありませんか。ところが肝心のお釈迦さんはなんとおっしゃったかというと「四十九年一字不説」と、シャアシャアこういって食い逃げしてしまいました。そうかとおもうと一本の金ぱら華を拈じて「われに正法眼蔵、涅槃妙心、実相無相、微妙の法門あり、不立文字、教外別伝なり」とかなんとかいって、弟子のマカカショウ尊者に、いかにもわけありげに極意を授けたとも申します。

これでは前後矛盾で、お釈迦さんは精神分裂症ではないかともいえそうです。ところが、実際は「この事」というものは、そういうよりいたし方のないものなのです。たとえば『中庸』に程子のことばとして「之れを放てば則ち六合にわたり、之れを巻けば退いて密にかくる」とあります。「この事」とは、じつにそのようなもので、これを放てば天地にも拡がり八万四千の法門とも展開しますが、これを収むれば密にかくれ一花にも一指にも、さては一瞬目にすら納まるものです。四十九年間、横に説き縦に論じ、数千万言を費してもなお説明することもできないかとおもえば、片言隻語すら必要としないのが「この事」であります。それはまったく水を飲んでみて、飲んだもの自分自らがその冷暖を知る以外に知りようのないものです。親しく実践してみてこれを自覚しないかぎり、なんの意味もないものです。と同時にまた他面からいえば、何人《なんぴと》をも肯かせるだけの説得力がなければならぬことも事実です。インドに因明という論理学が発達したゆえんも、そこにあるでしょう。一字不説がほんとうなら、八万四千もまた真実なのです。しからば、そのような「この事」を、かりに説くとしたらどういえばよいのでしょうか。

およそこの世の中にあるものは、例外なしに時間的存在と空間的存在とに分けられるとおもいます。つまり時間的にそのものの発生の次第をみるか、あるいは空間的にそのものの存在する道理、本質を明らかにするかで、それを知ることができます。たとえばそのものの発生、変化、発展などの時間的経過を知ることによって、これはどうしてできたかとそのものの真相を語る立場と、そのものを分析し、総合してこれはなんでできているかと、その性質を科学的に究明しようとする立場とがあります。前者を縁起論といい、後者を実相論と申します。

そうはいっても、現実の世の中にある具体的な存在は、この両面を別々にもっているのでないことは申すまでもありません。両者はたとえていうなら水と波の関係のようなもので、体と相との関係で一体的にあるものです。それをわれわれが知的に、または理として把握する場合には、いまいった両面からみるほかはないのです。それは知識というものが本来的に「判断」を本質とするものであり、「理」が「事割り」であるからです。

さて、「この事」を人間の相対的な知識で時間的に理解したものが、三法印の第一である「諸行は無常なり」という原理であり、空間的に把握したものが「諸法は無我なり」という原理です。これに「涅槃は寂静なり」という原理を加えたものを三法印と申します。ついでに申しておきますが、世間で証書などを取り交すとき、それに印判を押して信憑性《しんぴょうせい》を表わすように、印とは決定不動を示します。したがって三法印とは、この三つの原理こそまことの仏法の真理であり、これに反するものは邪説であるという、基準を立証するというような意味だろうと存じます。存在を発生の理由から時間的にみる縁起論と、存在の真相、本質を空間的にみる実相論とは、いまもいうように一事実の両面、水と波、体と相の関係であって、これを別々に分離してみるべきではありませんが、しかし、強いて一応分けていえば、インド時代では世親の法相系が縁起論に立つものであり、竜樹の三論系が実相論的だとは申せましょう。したがって発生史的にいって、三論系と関係の深い天台の哲学は実相論に属するとみてよいとおもいます。というのは、天台学の土台を築いた中国北斉の恵文は、有名な三論宗の学者だからです。それと対比するとき、世親の『十地論』が中国で訳されて十地宗という一派が起こり、その十地宗から華厳宗が生じたという歴史上の系列から申せば、華厳の法理は縁起論的だと申してよいでしょう。しかしこれはあくまで一応の分け方であって、厳密な学問的区別ではなく、両者はあたかもあざなえる縄のようなものだとご承知おきを願いたいのです。

時間的縁起の一面を強調すれば差別に偏し、空間的実相の一面観に陥れば平等に片寄ります。そこで両者相交る一点に、寂静なる涅槃と呼ぶ中道の「即」の世界があるというふうに、三法印を立体的にみるべきだと考えます。

二　諸行は無常なり

第一の法印は「諸行は無常なり」ということですが、この場合の「行」は〃おこない〃のことではなく、梵語のサンスカーラで、すべての存在をさしております。それと同時に「行」には〃遷流〃つまり移り変わるという意味もあります。したがって、諸行無常といえば、すべて存在するものには常住不変のものは一つもない、すべては流動し変化していて、固定的な不変不動の実体があるのではない、ということであります。

われわれは普通、われわれがいつも相対している現実の世界は、何人も否定することのできない実体的な存在だとおもっております。けれどもほんとうはそれは川の水のように、いつも流れているもの、瞬間といえども停止してはいないものです。むかしギリシアの哲人が、万物は流転するといったと申しますが、すべて存在するものは必ず時間を帯びているから流転変化するのです。時間というものは、それ自身で独立してどこかにあるものではなく、存在に具足されているのです。たとえば、ここに一本のペンがあるとすれば、それはだんだん古くなり、磨滅してゆき、しまいには使えなくなってしまいます。仏教では成・住・壊・空といって、物が成立し、それが一定期間存続し、やがてそれが破壊し、ついに空無に帰することを教えておりますが、すべての物がそのような過程をたどるのは、畢竟物には時間という作用を帯びているからです。まことに、すべてのものは流れるからこそ、生命があるのだと申せましょう。たとえば一粒の米、一片の肉でも、もし常住不変の固定したものならば、人間の生命は一日も存続できないでしょう。米がごはんとなり、ごはんが消化されて液体になり、その液体中の養分が吸収されて人体が養われるのは、それが常住不変ではなく、たえず流動変化しているからです。どうして計算したのか算定の基礎は知りませんが、古来一昼夜の間には六十四億九万九千八百の刹那があるといわれておりますが、指一本はじき、目を一つまばたくほどの間も停止することのない動的状態にあるのが世界の実相です。では、その流動変化は何によって起こるのでしょうか。

仏教の専門語で、この世の中を「法界」と申しますが、その場合の〝法〟とは因果の法則をさします。原因が結果となり、結果が原因となるといったあんばいに、因果の法則によって移り変わっている世界が法界ということでしょう。釈尊が「よく縁起を見るものはすなわち法を見る」といわれたのはその意味です。縁起とは、因縁によって存在が生じたり、滅びたりしていることを申します。この世の中のいっさいのものは、それだけが単独で存在するものは一つもありません。すべては持ちつ持たれつ、相互依存の関係にあります。この世の中を縦に時間的にみるとき、すべてのものはそのように原因と助縁すなわち条件とによって、たえず無限の変化をしているのです。世間ではこの辺のところを誤解して、仏教は因果論だと申しますが、ほんとうは因縁論であって決して単純な因果論ではありません。

因果論というのは物理学の方でももはや古典に属する古い説で、すでに量子論、電子論の起こったころに成り立たなくなり、その急場を不確定原理によって救われたのです。たとえば、ここに一粒の大根の種があります。この種にはその太い根が五十センチにも六十センチにも伸びる素因が含まれております。その因と果とを直接むすびつけて、この種は必然的に六十センチの大根になる、と断定するのが単純な古い因果論です。仏教の方はそうではなく、その種に六十センチの大根となる素因のあることは認めますが、それを畑にまき、肥料を与え、太陽光線にふれさせ、雑草を取り除くというような〃縁〃を与えることによって、六十センチの大根という結果を生ずる、しかし、その縁つまり条件のいかんによっては二股のスの入った食べられないようなものにもなれば、太く長いりっぱな大根にもなる、その結果は不確定のもので要は縁によって決まるとするものです。ですから、「修善のものはのぼり、造悪のものは堕つ」といわれるのです。

いっさいはこの因縁果の運動、因と縁の展開した結果として、かぎりない差別の相を現わしているのです。そこで「もし此れあれば則ち彼れあり、もし此れなくんば則ち彼れなし、もし此れを生ずれば則ち彼れを生ず、もし此れを滅すれば則ち彼れを滅す」と、『中阿含経』にあるように、いっさいの存在は相互依存の共生関係にあるものと考えられるのであります。

さて、縁起論にも業感縁起、アラヤ縁起、真如縁起、法界縁起など、およそ四種類ほどあるようですが、それらを検討してみますと、前者を批判しつつその欠陥を除き、さらに精確の度合を加えたものが後者だといえそうですから、結局、法界縁起が究極のように考えられます。

この法界縁起は、またの名を無尽縁起ともいい、実相と縁起の統一されたものともいわれますが、その要をかいつまんで申しますと、諸法すなわちすべての存在は、みなそのままで真実のすがた(相)であり、ことごとく真如の体を離れたものはない、だから、すべての存在はどんなものでもみな絶対である、一塵一垢といえども真如実相でないものはない。絶対ならばそのもの以外の何ものもあるべきはずはない、いい換えれば、他のあらゆる存在は、すべてこの一絶対に内包的に存在するものでなければならない。たとえば、ちょうど網の目のようなもので、すべての網の目は互いにつながり合っていて、その一つの目を捉えてあげれば、網全体が持ち上げられるようなものだ、というのです。この関係を「帝網重々、主伴無尽」と申します。

あるいはまた、その網の目には珠がついていて、ちょうど鏡と鏡とを向かい合わせたように、一つの珠は他の珠にうつり、そのうつったままがまた元の珠にうつる、といった具合に無限に映じ合うのにもたとえられます。そのように、一つの存在が他に対して主となり、他の一切を伴とする、また他を主として見るときは、こちらが伴となる、というように互いに主となったり伴となったりし合って、その関係が重なり合ってかぎりないのを法界縁起と申します。したがって、縁起という時間的関係がここまでくると、差別的存在の相互共生の関係―空間的な因果関係になってまいります。ここでは目に見えないような一微塵でも絶対ですから、その中に全宇宙が入ってしまいます。一微塵を主とするときは、他のすべてが伴として内包されるからです。道元禅師が『正法眼蔵』の現成公案の巻に「一方を証すれば一方はくらし」といっているのは、この関係とみてよいとおもいます。つまり一つの珠が主位にたつとき、他のいっさいの珠は伴としてその中に包含されてしまいます。このような物と物との相即相入する関係を事々無礙と申します。

要するに、一つ一つの存在の中にいっさいが含まれ、一つ一つが絶対であるとともに、その一つは他のいっさいの存在の支持によって成り立つとでも申しましょうか、相互に統一者であると同時に、被統一者でもあるという縁起関係を法界縁起といい、それが縁起論の最高峰をなすものといってよいと存じます。

諸行は無常である、すべての存在は流動し変化する、という原理を追求してまいりますと、このように時間的なものが空間的なものへと転じてしまうような結果になりました。そこで当然、しからばその空間的なものは、と諸法の実態を追求する段取りになります。ここに第二の法印たる諸法は無我なりという命題に取り組むことになります。

三　諸法は無我なり

いまいったようなことをいうと、なんだか抽象的な概念をもてあそび、観念の遊戯をしているようにも取られましょうが、じつはそういうわけではないのです。禅門の立場は、あくまでも目前の具体的事実から出発しているのです。切れば血の出るような実生活のうえでの、生々しい体験に立っているのです。

それが現実を離れた空論だと感じられるのは、それほど多くの人が人生を逆さまにみている何よりの証拠です。『般若心経』などに「顚倒夢想」といっておりますように、世間の人の方が実際は流転しているのに不動の実態があると考えたり、無常であるものを永劫性のものと勘ちがいしているのです。その顚倒夢想を起こさせる元凶は何ものかというと、それがほかならぬ〝我〟なのです。われわれは〃我〃を固定化して、それ中心として、すべてを判断し処理するから、道元禅師のいわれたように「自己を運びて万法を修証する」ところの迷いの世界が現出するのです。

われわれにはこの目で見える現象の背後に、何か永遠の実在とでもいうような不滅のものが潜んでいるかのように考えたい気持ちがあります。それを実在というか本体というか、あるいは神というか仏というかは別として、とにかくそういったこの世界を支配する何ものかを求めたいのが、人間の心理だとおもいます。その探求がだんだん進んでまいりますと、しまいに外に求めていたものを内に向かって求めるようになり、その結果われわれの本体、すなわち〃我〃というものを考えるようになります。ですから、はじめ自然の中心に永遠不動の実体を考えたように、われの内に不動の中心として固まりが形づくられたのが〃我〃だといってよいでしょう。

仏教では〃我〃とは「常一主宰」の義だと申します。常は常住不変のこと、一は唯一無上の存在でお山の大将おれ一人ということ、主宰とはいっさいのものをおもうように使う主人公のことです。ひっくるめていえば、なんでもおもうようになる常住不変の実体ということで、それが〃我〃というものです。通常われわれは意識するとしないとにかかわらず、そういう〃我〃を中心としていっさいのことを処理しているわけです。しかしお釈迦さんは、そのようなものはない——諸法は無我であるのが真理だといわれたのです。諸法とは前にも述べたとおもいますが、もろもろの存在のことで、それを法というのは万物はすべて因縁の法則によってのみ存在するからです。諸法は無我であるというのは、要するにすべては持ちつ持たれつの関係においてあるので、それ自身に固定した自性はないということです。自性というのは、世間でいう実体ということの仏教語だと考えていただけばよいでしょう。そして実体とは、自己以外のものによっては左右されない、自己自身に固有する原因によって自己が発生し、存続し、死滅してゆくような実在のことであり、そのような力を内部にもっているもののことと考えておいていただきましょう。したがって、無我とか無自性とかいうときは、そういう実体はないということになります。

われわれが現実に経験する世界の物事は、何一つとして他のものと無関係のものはありません。すべては相依り相扶け、持ちつ持たれつの関係で、互いに因となり縁となって生滅しております。原因と助縁すなわち条件とが合すれば物事が発生し、因と縁とが滅すればしたがってその事物も滅します。たとえば「われ惟《おも》う、故にわれ在り」ということにしても、その惟《おも》うところの能力は、といえば、多くの知識や経験を吸収したからのことで、結局それは歴史的、社会的な関わり合いを踏んだうえでのものということになります。それが現実の世界の根本的な構造であり、その真実の相、すなわち諸法の実相なのです。

ところが無我ということを単純素朴に考えて、生物的な、または心理的な意味での〝われ〟そのもののないことだと思いちがいをして、それは実際に存在する身体をも否定する空理空論だとか、また、われがなくてどうしてこの世の中が成り立つのか、というようなご迷論もないではありません。

それが誤解であることは、右に述べたところをよく考えていただけばお判りだとおもいます。われわれが通常〝われ〟と考えているものは、仏教古来のことばでいえば、肉体的には地・水・火・風の四つの物質的な原素と、五蘊といわれる色・受・想・行・識の五つの心的作用とが、因縁によって結合したものだといわれております。早い話が、肉体的な自己の存在を考える場合、これを生んだ親との関係を抜きにしては考えられないし、その親を無限にさかのぼってみれば、それらをあらしめるところの自己ならざる根源的な生命というか、生産力というか、日本の古語で申せば〝産霊《むすび》〟といったものを考えざるを得なくなりましょう。またその肉体を維持し、存続してゆくためには、食物その他の要素なしにわれありとも考えられません。他との関連つまり社会的連帯性をまったくもたない単独の〝我〟などというものは、頭で考える以外にはとうてい実在できないのです。それでは意識において〝我〟は成り立つかといえば、われという意識の成り立つ根底の深いところに共同性というか、全体性というか、とにかくそういったものが横たわっていること――つまり、われという意識そのものが歴史的・社会的産物だということは、われの自覚が少なくとも物と物とを交換する主体を反省するところから生じたという、歴史上の事実からしても見のがせないところです。そういう意味でも、無我ということの真実性が知られます。私どもには、このような点は昔流の仏教の教理よりは、かえって和辻博士の『倫理学』などを読んだ方がよく判ります。同書の上巻には、個と全との関係や、人間存在の否定構造としての空の意味などがじつによく書かれておりますから、心ある人は一読されるといいと思います。高楠博士なども、無我の思想は、理で考えると哲学になり、事で考えると倫理になるといわれておりますが、無我という仏教の原理はそういう角度からも真理性が証明されるとおもいます。

それはとにかく、諸法の実相、いいかえればすべての存在の真実の相は無自性であり無我であり、因縁によって変化流転して止まないものであることは確かです。実相は無相だという天台の空観哲学は、このような立場の学問的体系だといってよいでしょう。

このように世界を横に空間的にみるとき無自性となるのですが、それを消極的に表現すれば、いっさい存在の真実の相は無相であって、決った形相はないということになります。したがって無相であるところのいっさいは、相互連関というよりはさらに徹底していえば、神も仏も人も獣も草も木も、すべては同一質であり平等のものであって、宇宙はまったく一つのものということになりましょう。しかし、それを裏返して積極的にいえば、だからこそすべてあるものはことごとく真実の相、すなわち諸法は実相なのであって、猫も杓子も柱も敷居も、そのままでみな真理の象徴であり、それぞれが絶対的存在でないものはないことになります。万物はすべて固定した〝我〟はなく、したがって個そのもののうえに全を体現するとでも申しましょうか、諸法無我の真理はいっさい実相の世界を現出するのであります。

このようにして、現実の世界のいっさいが自性なく、あるがままの無相の相として、かえって一事に絶対を現ずる底の実相だとするならば、いっさいはことごとく存在の意義をもち、一々が壁立万仞の唯我独尊の大光明を発しているといえましょう。雪隠のうじ虫も仏光サン然たる輝きをもつものといわなくてはなりません。このように現実世界のいっさいをあげて一事に摂することができるということは、要するに無我、無相の正見によるからであり、そして無我無相の正見によることのできるのは、じつによく縁起をみるからであります。こうしていっさい無我の本性平等なる実相無相そのものが、柳緑花紅、千態万様の差別相として展開してくるのが時間的な縁起論の立場であります。時間的なものから空間的なものに転じたのが、ここでまた逆転して空間的実相から時間的縁起へと再帰することになりました。

四　涅槃は寂静なり

これまで申しましたように、縦に時間的に縁起する差別の面を強調する〝諸行は無常なり〟とする諦観も、横に空間的に諸法の実相を平等一実とみる〝諸法は無我なり〟とする諦観も、いずれも正しい見解ではありますが、しかしその反面には、それは一滴の水を酸素と水素とに分けて、そのおのおのの性質を知的に承知したようなもので、水は抽象的な知識としては判ったが、その代わりに水が死物になってしまうという欠陥をまぬがれません。また、諸行は無常であるから、この世の中のこと一つとしてあてになるものはなく、諸法は無我であるから人の世はままならぬものだというような、半面観からくる悲観説も出てくるおそれもあります。縦と横、時間と空間、縁起と実相、無常と無我とに

分けることによって、一応もの
の道理は判りはするが、〝理〟は元来が〝事割り〟であって、一つの事実を割ってしまうのですから現前の事実そのものではないのです。そこで時間即空間、空間即時間、縁起即実相、実相即縁起という、水素と酸素との化合した生ま水そのものに当たる一実相の活世界がなければなりません。そこに第三の法印たる「涅槃は寂静なり」という真理があるとおもいます。そういう意味で涅槃寂静という真理は、第一、第二の法印に対して第三のそれとして同じ地平に横に並ぶものではなく、前二者を総合する高次元のものとみるべきだとおもいます。あるいはまた「涅槃寂静」の絶対世界を、時間的にみて「諸行無常」といい、空間的にみて「諸法無我」といったと申してもよいかとおもいます。

涅槃とはニルヴァーナの音訳で、吹き消すとか、吹き消した状態などを意味することばだといわれます。煩悩の束縛からまったく解き放たれ、生死の迷いを根こそぎ吹き消してしまった悟りの境地をいったものかと存じます。寂静とは、それによっていっさいの精神的な動揺がなくなり、感覚的な不安も消えてしまって静まり返った波風も立たないような境地でしょう。したがってそれは生・老・病・死によって代表されるような、人生の現実的ないっさいの苦悶から解放された自由の世界でありますそこには生滅はなく、生死も解脱していますから、逆にかえってよく生じよく死するところの生死自在の活三昧境だと申してよいとおもいます。

無常だからあてにならぬ、無我だからままにならぬ、畢竟《ひっきょう》人の世は空しいものだというのは、分析的抽象観からくる誤った考え方で、それはあてにならぬものをあてにし、ままにならぬものをままにしようとする「我」の執着による錯誤です。あてにならぬものはあてにせず、ままにならぬものはままにしようとしないという諦観に立てば、ままにならぬところに自由を見いだし、あてにならぬところに安定が得られる道理ではないでしょうか。

涅槃寂静の世界は、時間と空間、縁起と実相、無常と無我の一つになった世界であり、その〝即〟の立場から、いっさいのものをあるがままの姿で受けとり、日々これ好日として受用する境地だといってよいとおもいます。

つまり、平等一枚の立場だけを固執するのも邪見なら、万象差別の面だけを真実だと執着するのも偏見です。平等にして差別、差別にして平等、真空にして妙有、妙有にして真空という不二の法門こそ、究竟涅槃の〝即〟の世界でなければなりません。日常生活の上で、手を振り足をあげ、エヘン、オホンといって行動云為しているこの一瞬の即今・即処がそれであると申せましょう。そこでは一微塵によく全世界を納め、一事行によく天地宇宙をも包むことも容易にできましょう。臨済禅師のいわれた即今・目前・聴法底――いま・ここで・この俺が、という即今即処を充実したものこそ、永遠に生きるいのちであるといえるのも、そのゆえであります。それを理としてではなく、事実として一超直入的に把握し、体得するものが禅だといってよいと存じます。

ここにいたっては諸行無常、諸法無我、涅槃寂静の三法印は、じつに一実相印であって、絶対の事実を受用するために、仮に分かって三段として表現したものにほかならないのであります。

過去・現在・未来にわたるいつでもという時間をいまの瞬間につかみ、空間上のいたるところであるどこでもをここに踏みすえ、老若、男女のだれでもという人類普遍の人格をわれにおいて見いだす――いいかえれば、時間と空間とが十字に交叉するその中心の一点において、この生身のわれが活動する、その自由無礙のはたらきこそ「涅槃は寂静なり」という究竟地であろうと存じます。ここにおいては寂静の涅槃は、この現実を遠くはなれたはるかの彼方にあるのではなく、手の舞い足の踏むこの即今・即処がそれだということになります。それは遠い彼方の夢の世界ではなく、刻々のこの苦しい現実がそれだということになります。「行くも帰るもよそならず」「当処すなはち蓮華国」という『坐禅和讃』のことばは、この事実を歌いあげたものというべきでしょう。目的と手段とがまったく一つであるところの、日々好日の生活は、ここにのみ味わわれます。

白隠禅師は『毒語心経』の究竟涅槃というところで、「人を陥るるの坑子、年々満つ」といって、涅槃寂静などというと、いわゆる沈香《じんこう》もたかず屁もこかないような、なんの活動もない絶対安静状態だと誤解して、そういう落とし穴におち込む人間が多いことを嘆いております。「又これ鬼家の活計、なんの臭皮韈《べつ》にか充てん」ともいわれ、そんな空々寂々の死んだような境地は幽霊の生活ぶりであって、腐った足袋ほどのネウチもないと喝破されております。そして、「一切衆生、生滅の心、直きにこれ諸仏の大涅槃」であると示されています。われわれが毎日泣いたり笑ったり、苦しんだり喜んだり、生きたり死んだりしている変転きわまりないこの凡夫の日常生活こそが、そのまま諸仏の大涅槃だといわれるのです。ここにいたっては真必ずしも真ならず、妄また妄ならず、事々ことごとくが如来行であり、物々みな真生涅槃ならざるなしと申せましょう。これを〝即〟の世界と申してよいと存じます。

実相と縁起、平等と差別は、このようにしてもともと一実の両面というべきものであって、決して相対する別物ではないことがよく判ります。理として分ければ両面になりましょうが、事実としては不二一体、〝即〟の絶対事実以外には何も存しないといってよいでしょう。一事一物が、そのあるがままの差別のままで、差別を超えた一如未分のものであり、いっさいの現象がそのまままただちに実相である世界は、まったく亡言絶慮、一字不説というほかはありません。〝即〟の世界とは、そのようなものなのです。そのような境地を理・事一体、観・行一如に体究練磨するものが、究竟涅槃の道としての禅であります。あらゆる分別知を捨てて、その〝即〟の境地、実相を自己化することが、禅ということなのです。教相に弱いものが、しばしば教相にわたる論議をしましたので、あるいは解釈を誤った点もあろうかと存じますので、よろしく取捨していただき、ご教示を願って、一応この項を終わりたいと存じます。

Ⅵ　禅と芸術

一　無相の自己を表現

去る一月二十日（昭和三十九年）の読売新聞の文化欄に、「禅からシネマまで」という題でパリ大学で芸術心理学を専攻中の竹本忠雄氏の文章が載っておりました。それには〝西欧の日本ブームを切る〟というサブ・タイトルがついていましたが、この文章にはいろいろ考えさせられるところがあります。

フランスでは、マルロー文化相の日本紹介の第一次計画が終わったところで、禅に対する見方も本格化しはじめ、「二十世紀と結婚した文化」とまでいわれているそうです。竹本氏のことばによれば「とにかく禅からシネマにいたるまで日本文化の全体が未来の〝地球文明〟に大きく一役買ういきおいが強くなってきた」ということですから、われわれとしては心づよいかぎりです。

西欧における日本流行の起こりは「日本芸術の装飾性への興味」からだそうですが、それが戦後だんだんと内面性へ、つまり日本的精神性の関心に変わってきたと、竹本氏は述べております。「禅の流行がそのあらわれで、この傾向を決定づけたものがここ二三年来じつに意欲的に西欧各地でくりひろげられてきた日本美術展、とくに独創性格をもつ二三の禅芸術展である」とのことです。

つまり、禅芸術が「いわば日本禅匠の大喝《だいかつ》を西欧世界にひびきつたえる役割をはたした」というのです。この辺に、われわれの注目すべき点があるようです。禅の理論的ないし実践的究明というよりは、目で見る墨跡によって禅への理解をふかめるということ、そこに禅芸術とか禅文化とかいわれるものの効用が高く評価されるゆえんがあるといえます。芸術には国境も民族もなく、よいものはどこに行ってもよいので、人びとの情感につよく訴えるものがあるわけです。もちろんすでに鈴木大拙先生の『禅と日本文化』の英語本には、それらの禅文化が理路整然と紹介され、かつ豊富に写真版が入っておりますので、心ある人びとにそれが一種の予備知識となって、受け入れ態勢が整えられていたにちがいありません。しかしなんといっても、写真版でない現物に直接ふれるということは、また格別の浸透力をもつことは疑いありません。その効果について竹本氏はこういっております。

こうしてむずかしい仏教哲学や、足のいたい坐禅によらずに〝目で見る禅〟の新エポックがここに開始されたわけで、その反響は思いがけず深く大きかった。最近号のパリ週刊文芸紙『アール』にトップの一ページをさいてつぎのような論説をかかげている。

『禅が当初スノブ（俗物）の面で大さわぎされたとき、われわれはゾッとして目をそむけた。が、いま思うにこの態度は狭量であったのだ。たとえばこんど展覧された白隠や仙厓など禅僧の絵をみよ。なんと彼らの指は、かつて西欧からもっとも遠いと信じられた世界を、じき足下にさししめしているではないか！　世界の四分の三もの宝を見知らずにきたことの愚かさに、いま気づいたしだいだ』（ジャン・ドルメッソン）

ずいぶん思いきった告白をしたものだが、ここにはかつて本紙上に紹介した英作家ケストラーの、禅をさして〝マヤカシのクモの巣〟とよぶような嘲笑的態度はみじんもない。疑いは影をひそめ、信頼が、芸術的感動による信頼が、あらたに東洋の神秘の霧のかなたの価値あるなにものかをさぐりあてたのだ。

この竹本氏の文を読んでいるうちに、私はフト昭和三十七年の暮れの寒い日に、東京博物館の小講堂で聞いた、文化財研究所長田中一松さんの「水墨画」についての講演を思い出しました。田中さんは「これは自分が数年前にヨーロッパで四カ所、水墨画の展覧会が開催された際、その長として行ったときに、会場で外人の質問に答えた内容だから未熟なものだ」といわれましたが、私どもにはまことに興味ぶかいものでした。それで私はその講演を聞いた直後に要点を『ジャーナル』紙の「閑話禅」に書いておいたので、だいたい、記憶違いはないとおもいます。

田中さんの本論は、水墨画の発達経路とその鑑賞について、とくに床の間の研究などが主で、いずれも有益でしたが、いま申した外人に応答した挿話にいっそうの興味がありました。

現在パリには日本人の画家が三、四十人いるそうで、その人びとが田中さんらが行く前に作品の展観をやったそうです。フランスの某評論家が、その画を見た観想を、田中さんにこういったということです。

「彼らの画はみな美しくりっぱであった。けれども私に理解できないのは、それらの画にはみな一様に〃日本人は不在〃だったことだ。そこにあるものは未熟なマチスだったり、ピカソのイミテーションばかりだった。かつてこんなにすぐれた画（禅画をさす）を描いた日本人が、いったいどうしたことか」

まったく耳の痛い話です。

田中さんの一行は、約二百点の画を持って行ったそうですが、その選定の際、第一級の国宝級のものは持って行っても外人には判るまいし、そのうえ破損でもしたらたいへんだからというので二三流クラスのものを多くし、一級品は二三点交える程度にしたそうです。ところがどうでしょう。いよいよ現地で展観してみると、驚いたことには〃外国人にはとても判るまい〃と高をくくっていた一級品を、異口同音に「これはすばらしい、ワンダフルだ」とあちらの人がほめるのだそうです。

「芸術に国境はない、よいものはどこへ持って行ってもよいものだと、このときシミジミ感じました。結局日本人は日本人に徹するとき、はじめて外国の人の心を打つのだ、ということを痛切におもい知らされました」というのが、その講演で洩らされた田中さんの感慨でした。

これを裏書きするような話を、一昨年パリで開かれた「文人画展」を見たイブ・ボンヌフォアという人の批判の中で読んだことがあります。彼は「池大雅の瀟湘八景、与謝蕪村の富士などは驚嘆に値する。それに反して、芋銭にはほとんど魅力を感じなかった」と書いていました。この文人画展の出品画は、パリで開く前に東京のデパートで公開されたので私も拝見しました。芋銭先生にはまことに申しわけありませんが、私もイブ・ボンヌフォア氏とまったく同じ感想を持ったことでした。

また美術評論家ジャン・ジャック・マイユー氏は、こう述べておりました。

「私は西欧人として、日本がこうした世界を放棄してしまわぬことを、たとえばジェット機がすぐれているとしても、精神的には理性的野蛮人にすぎない西欧の流行をそのまま信じることのないことを、心から願ってやまない」

その通りだとおもいます。それではいったい禅芸術のどういうところが、外国の人びとにそれほどの深い感銘を与えたのでしょうか。古の禅僧が「足下にさししめしている」「西欧からもっとも遠いと信じられた世界」とは、どこをさしたものでしょうか。それほどまでに西欧の人びとに感動を与えた「価値あるなにものか」とは、いったいなんでしょうか。

もう少し竹本氏の文章を読んでみることにしましょう。

昨年春、チューリップの乱れ咲くオランダで、まことに意義ふかい評価に接したことがある。連日のように新聞の文化面をにぎわせる反響のなかで『これらの禅画は作品の質がみごとというより、その価値が行為に即したものゆえに必見である』という一文を目にして、これは卓見と思わずうならされた。また『無事』とかいた仙厓の書について『これを西洋流に直すと恐怖からの自由となろう』といいきったのも、みごとと思った。禅僧の書画は、たしかに自己内心の恐怖、煩悩《ぼんのう》をふりきる行動として最高の意義をもつものだ。いいかえれば、なにものの拘束もつきやぶった絶対的自由ということになるが、この〝自由〟への理解に禅芸術をとおして西欧がむかったということは、文明交流史上においてもじつに重要な転回点であろうと、ぼくは考えるのである。

この文章で知られることは、禅の書画が西欧の人びとにつよい感銘を与えたのは、それが行為に即したもの、あるいは行動的だというところにあるようです。その「行動的」ということを、われわれのことばで「禅機」とでもいい直してみたらどうでしょうか。臨済禅師は「赤肉団上に一無位の真人あり、つねに汝等の面門より出入す。未だ証拠せざるものは看よ、看よ」と、相手の胸ぐらをつかまえて迫っています。看よ、看よと肉迫したとき、臨済禅師は自分の赤肉団つまり五尺の肉体をもって、じつは肉体的な形相を離れた無位の真人を直接に示したものといえましょう。

無位の真人とはその文字の示すように、いっさいの位置づけ――限定を絶した真実の人間ということだとおもいます。男女とか、老若とか、身分の高下とか、職業とか、とにかく内外いっさいの「位」を超えたところの、男でもなければ女でもない、年寄りでもなければ青年でもない、大臣でもなければ乞食でもない、それらの形相のない、いわば無相の主体が無位の真人と名づけられるものだろうとおもいます。無形無相であるから肉眼では見ることができません。

それでは無形無相だから何も無いのかといえば、そうではなく、朝から晩までわれわれの五官を通じて、出たり入ったりしています。眼では見るというはたらきをしており、耳では聞くというはたらきをしています。手では物を握るし、足では道を歩きます。そのように朝から晩までの個々のはたらきに現われているのですが、その場合の見るとか聞くとかいう個々のはたらきではなく、そうはたらき出す前にその根源にあるものが無位の真人という、われわれの本来の自己なのです。いわゆる見る主《ぬし》、聞く主というのが、それであります。そのような無形無相の真実の自己を、肉体や五官のはたらきを通じて示すことをもし「禅機」というならば、その禅機を書や画の上に現わすことを禅芸術といってよいのではないかと思います。西欧の人が「行為に即した」というのを、その意味に解したらどうでしょうか。

青年の頃、海老塚四郎兵衛さん方の中林梧竹展を拝見したことがあります。そのとき海老塚さんが「書は心画なり」ということの意味を説明してくださったのを、三、四十年もたった今日でも感銘ふかく想起することができます。梧竹翁は八十歳を過ぎてから、「書は心画」であるということのほんとうの意味を悟られたそうです。その境地で書かれた書を、そのとき二幅拝見しました。文句は忘れましたが、一室に一幅ずつが掲げられていました。一つは春を現わした句であり、もう一つは聖寿無窮といったような句だったかともおもわれます。とにかく、一方はその部屋全体の空気が春ののびやかな、駘蕩《たいとう》とした気分で満たされ、他の部屋は厳粛というか尊厳というか、身のひき緊るよう感なじを受けた記憶があります。つまり、書く人の春の気分が、春という文字に満々と満ちたたえられており、聖寿無窮と書けば如実に聖寿の無窮を祈る謹厳な至情が測々として人に迫るところに、書の心画たるゆえんがあるわけでありましょう。

私の武道の忘年の友に井村方外という画家がありました。彼は古流柔術の達人で、自分の家に念仏道場と名づける小さな道場をもっておりました。その念仏道場の剣道部を、しばらく私が担当したことがあります。彼は戦後の生活に苦しい最中に、ひっそりと亡くなりましたが、その井村方外画伯がよくこういう話をしておりました。

「画をかく場合に、自己が完全に対象の中に没してしまうものと、いっさいを自己に引きつけてしまう場合とある。長沢蘆雪が、鷺《さぎ》の画を描くとき、その姿が鷺に見えたという話があるが、それは前者の例である。また、宮本武蔵の画を見ると、鳥を描いても馬を描いても、そこには武蔵自身がヌッと立ちはだかっている、これは後者の例である。自分は前者の境をねらっているのだが、なかなかおもうようにはいかない」と。

この話を私は『剣と禅』に、臨済の四料簡と比較して書きました。方外さんは、前者の方が高い境地だと申しましたが、実際に現存している画を見ると、蘆雪はとても武蔵には及ばないようです。したがって、それは境涯の高低とは別な問題として考えるべきだとおもいます。

書と画と両方の例を右にあげましたが、いずれにしましても、これを西欧の人のいったことばで申せば行為とか行動の表現、禅の方からいえば、広い意味での禅機の表現といってよいのではないかと、私はおもいます。もしその禅画が「行為に即したもの」であることが西欧の人びとに深い感動を与えたとすれば、その行為なり行動なりが問題であろうとおもいます。したがってそれを禅機ということばにおき換えることが許されるならば、その禅機こそが肝心のところでなければなりません。梧竹翁のいわれるように、書が心画であるならば、まずその心なるものが問題でありましょう。面倒くさいから、もっと端的率直にいうならば、禅機がなければ禅画ではないということです。書の巧拙はさておいて、高い深い心境がなければ、心画といわれる書はかけないということです。

久松真一先生の著わされた『禅と芸術』でしたか、人から借りて拝見したので今は手許にありませんから引用できませんが、その解説中に「無相の自己が、いろいろな対境を、どういうように主体的に自己表現するか」ということが禅芸術の問題だとあったように記憶しております。その場合、「無相の自己」が判っていることが、その前提でなければならないとおもいます。無相の自己が主体的に自己表現することが、禅機というものにほかならないでしょう。表現の仕方は、その人の性格とか、教養とか、嗜好とか、あるいは総じて人間類型といったものに左右され影響されるところが多いでしょうが、「無相の自己」の不在なところに禅芸術の生まれ出てくる余地は、まずありますまい。

二　絶対的自由の境地

禅芸術が西欧の人びとの心を捉えた、もう一つの「価値あるなにものか」を、竹本氏の文章から拾ってみると、それは「なにものの拘束もつきやぶった絶対的自由ということになる」ようです。自由ということは、いまや時代の寵児で、猫も杓子も自主だの自由だのと申します。英語のリバーティとかフリーダムとかいうことばが、これに当たるとおもいます。私どもにはその二つのことばの意味やニュアンスの相違がよく判りませんが、どうも外的な拘束からの独立という意味がつよいのではないかとおもわれます。

じつは私は戦後の生活の困難な時代に、下請け仕事として、人間が自由を追求してきた歴史の足跡を調べ一冊の本を書いたことがあります。これは依頼者の名前で出版されておりますが、自信がありませんので読まれることを欲しませんから題名は申しません。ただそのときの研究では、自由は最初は外部的な強制力、拘束力から解放されたいという要求から起こっていることは事実のようです。神の束縛から解き放たれた近代人は、それで自由が得られたとおもったらこんどは知識に支配されたり、富や血に支配されたり、外的拘束からの独立も容易ではありません。それが進むと、理性の法則に従うとか、自己の良心に従うということになってくるのでしょうが、そこでもまた内部的な拘束があって、それからの解放独立ということはさらに難事です。五十にして天命を知る、といわれた大聖孔子でさえも、ようやく年七十になって心の欲するところにしたがって矩《のり》を越えないという境地に達したのですから、ましてや私ども凡人にはたいへんなことです。内的な自由の確立といっても、自己の内部における妄念や欲望からの解放ということは、妄念や欲望が非本来的なもの、悪いものと判っているからまだやさしいといわなければなりません。しかし、自己に内在すると考えられる仏や、悟りなどからの解放は、ちょっとむずかしいです。古人も「仏界は入り易く、魔界は入り難し」といってありますが、裏返しにいえばそういうことになろうかとおもいます。

「なにものの拘束もつきやぶった絶対的自由」という場合、一番の強敵はもちろん外部からの拘束や、強制ではありません。そんな拘束は宗教以前の常識問題です。雑念や妄想などでもありません。そうではなく、仏とか、覚とか、悟りとかいうありがたそうな内在的な拘束です。それをつきやぶらなければ〝絶対的自由〟ではありません。

といって、なにも判らないくせに、聞きかじりでホラを吹いているのでは、仏なんか尊いものではないとか、悟りなどに尻を据えておらん、などといってみたところでなんの権威もあるものではありませんそんな藻ぬけの空っぽでホラを吹いても、一向に〝絶対的自由〟でないことは、そういうご自身に一番よく判っていると思います。

人間は本来、誰でも高天原の住人で八百万神の一柱ではありますが、病人は病院に入って本来の健康体に立ち戻る必要があるように、心を病むお互いは一度高天原に舞い上って、神々に相見する必要があるのです。つまり〝向上の修〟をみっちりとやって、本来の自己に目ざめなければなりません。ただ、そこにいつまでも尻を据えていて、竜宮城の浦島太郎のようにそこの捕虜《とりこ》になって帰るのを忘れたり、帰るのが嫌になったのでは、それがいかによい所であれそれは執着というほかはありません。

さて〝絶対的自由〟というのは、その〝向上の修〟の消息ではありません。高天原という理想世界に在します神々が、漂える現実の世界に天降ってきて、おもう存分に持って生まれた本性のままにはたらくところにあるのです。いわゆる「到り得て還り来るに別事なし、廬山は煙雨、浙江は潮」で、犬はワンと解脱し、猫はニャンと絶対の姿を露呈しているのです。そこにいっさいを肯定する創造的世界があり、絶対的自由の場があるわけです。その自由無礙の生活、遊戯三昧の行為が、具体的に行動的に表現されたものが禅芸術というものでしょう。そこでは○を書いても△を描いても、ビッコの目を書いても、ことごとく出格自在の風韻がありましょう。

ただくれぐれも注意しなければならないのは、「なにものの拘束もつきやぶった絶対的自由」とは、決してデタラメということではないのです。いまどきの〝自由〟という名の、自分勝手や、わがままということでもありません。猫も杓子もいうところの自主性は、本来の真の主体を知らずに恣意を人間主体と誤認したものが多く、その自由は他人のいうことにはしたがわないわがまま、すなわち、自己の本能に征服された不自由きわまる状態に過ぎないものです。そういう連中が書いたわがまま絵や自分本位の書が、なんで芸術の名に値しましょうか。「何ものの拘束もつきやぶった」とは、いいかえればいっさいから解脱した心境であり、絶対の無を体験した正見でなければなりません。

私が青年時代に師事した得水居士小田勝太郎先生は、柔道の達人であり、禅の大家であり、かつ書道の名人でしたが、むかし『大乗禅』誌上に「禅僧の書に就いて」書いておられます。

その劈頭に「予、つねに思えらく、禅僧の書ほど悪書悪筆なるにも拘らず、大胆にも揮毫し独り自ら高しとして得々たるものの多きは、甚だ不思議なり。しかしまた禅僧の書ほど善書善筆なるものも亦た世に甚だ稀れなり」として、夢窓国師、関山国師、黄檗の三筆、一休、良寛、白隠などをあげております。

「特に一休、良寛の草書に至りては、その変転出没の状、ほとんど端睨すべからず、妙と言はんや、奇と言はんか、けだしその然る所以のものは何ぞ、胸中の風光、天地とその帰趣を一にせるに非ずんばあらず、惟うにこれ修行の大光明、大威力ならん」と述べているのであります。

夫れ書は心の反映なり、古人も謂えるあり、心正しければ筆正しと。真に然り、然るを後の学者、その技を研きて、その心を修むることを知らず、心を修むるも心源に徹せず、たとえよくその心源に徹し得たりとするも、造化とその妙を一にするに至らず、神人合一の妙境に達せざるの眇軀を以てして、ただその形を摸せんとし、その手法を擬せんと欲す、これ拙上拙を加へて到底見るに忍びざるの悪書悪筆を生ずる所以なり。悲しむべきかな。凡僧俗僧の似而非的恥知らずの天下に闊歩することの片腹痛き極みにこそ。

得水老居士のことばは、要するに書は心の影像であるから、心をしっかり修めて、その心源に徹しなければならない、たとえ心源に徹したとしても山上さらに山あり、悟後の百練万鍛を経て、自然造化の妙とまったく合一するほどの妙境に入らなければりっぱな書はかけない、といわれるのであります。つまり禅僧だから禅芸術をものすることができるというものではないのです。たとえ禅僧であっても、前に述べたように「無相の自己」を覚証したものでなければ、それを表現するわけにはまいりません。さらにその上、いっさいの拘束を脱した絶対自由の境地にまで鍛え上げたものでなければ、人の心を打つような作品はできないというわけです。こうなると禅芸術の道、また遠いかな、といわざるを得ません。

それでは「なにものの拘束もつきやぶった絶対的自由」を得ておれば、技法は全然無視してよいかと申せば、そうはいきません。いつか『天狗芸術論』を紹介したことがありましたが、その中で大天狗が、いくら悟った禅僧でも戦争をやらせたり政治をやらせれば、やったことがないからできないといっておりました。いくら「禅は諸道に通ず」と力んでみたところで、練習したこともないことができるはずはありません。できないのがあたりまえです。宮本武蔵が細川公の前で絵を描けと命ぜられたとき、いつものように筆が運ばなかった、それをたいへん恥じて家に帰ってから、剣なら平気で使えるのに、筆がどうして自由にならないのか、と一夜工夫して闊然と悟るところがあり、それからは絵筆も剣のように使えたと申します。武蔵の場合は絵を描く技法は修得していたが、心に拘泥があったために自在を欠いたというだけのことですから、その拘泥を去る工夫が成就したとき、平素の技量が十全に発揮できたというに過ぎません。一ぺんも絵筆をにぎったこともないのに、卒然と描けたというのではありません。

明治の書聖といわれた中林梧竹翁の『梧竹堂書話』に「禅を学んで未だ正法眼を得る能わざるものは、これを野狐禅という。未だ古人の筆意を得る能わずして、放肆《ほうし》怪奇、高く自ら標榜するものは、また書中の野狐禅なり」という一文があります。つまり書法筆法もお構いなしに、勝手気ままに書きなぐって得意になっているのは「書中の野狐禅」だというのであります。デッサンのなっていない絵、竹刀の振り方も判らない棒振り剣術など、みなその類であります。

山鹿素行の『陰陽兵源』に「道法兼備之事」という章があります。それに次のように述べております。

　道は一心用うるところの心理の工夫、万物の根源なり。この道を修めざれば則ち万物の本を知らず、故にその用うるところ自由ならざるなり、法は作法なり、本あれば則ち法あり、その法を勤めずしてその極に至らんと欲するものは成らざるなり、譬えば芸術を習うが如し。而して伝、その妙を得るものは道なり、術、その錬を得るものは法なり、道法兼備せざれば則ち事、斉わず。

これはもと漢文ですが、むずかしい文章ではありませんから、一読よくその意味は判ります。ただ、道法一味とはいうものの、そこに本末の別はあります。

　言行、内外、知行の用、一にみな道法兼備の工夫なり。ただ道よく修まれば、則ち法その中にあり。道は本にして法は末なり。須らく本末一致の工夫あるべし。

こう申しておるのであります。

たとえば、書を学ぶのにまず一点一画を正しく書く筆法を習い、剣を修行するに竹刀の持ち方から切り返し、打ち込みなどの基本練習を行ないます。それからだんだんに導き教えられて文字が書けるようになり、あるいは試合できるまでになるのでして、そのようにして学ぶものが〝法〟なのです。そして、その技法が完全に身に備わったところを〝道〟と申します。はじめ〝法〟にしたがって練習しそれが身についたものとなり、習った〝法〟のように実際に行なえるのが〝道〟であるわけです。本末があるというのは、技法だけに専心し、それに泥《なず》んでいると、必ずしも〝道〟に達するとはかぎらないからです。絵の熟練工、書の熟練工、剣の熟練工で終わってしまうおそれが多分にあるからです。それに反し、ほんとうに道が修まれば、法は自らそこに備わってくるというのです。そこに本と末との区別があるわけです。区別はありますが、どちらを主にするかは一に時・所・位によります。だから「本末一致の工夫あるべし」といい、「道法兼備すべし」といっておるのであります。

『梧竹堂書話』に「書家、錬筆あるを知りて、錬心あるを知らず、けだし点画の工は錬筆より生じ、風品の高きは錬心より生ず」といい、また「指、筆を転ずるものは下なり、腕、筆を転ずるものは上なり、未だ心、筆を転ずものに如かざるなり。指、筆を転ずるものは指端の芸に過ぎざるなり、腕、筆を転ずるものは進めり、しかもなお腕頭の芸のみ、心、筆を転じて然してのち始めて心芸と称すべきなり」というところに、道法一如の工夫を着くべきだとおもいます。

梧竹翁は書道の話をしておりますが、これをただ単に書道のことばかりとおもってはいけません。絵でも彫刻でも、ないし剣道でも柔道でも原理はすべて同じことであります。

こういうわけですから、書でも絵でも鍛錬工夫というものが十分に行なわれなければいけないのであります。しかも、その鍛錬工夫の跡を留めないまでになることが必要であります。白隠禅師の墨跡などを拝見しても、四五十代の文字は、いわゆる書法筆法にかなったなかなか巧妙なものですが、晩年になるほど不器用な、一見、技法的には下手な書にさえ見えます。これは鍛錬工夫してその跡を没し、まったく常識的な格を出してしまったもので、いわゆる巧を求めて拙を成したものであります。その代わり、たとえようのない大力量と、奥ぶかい道味とがたたえられて、見る人をして瞠若たらしめるのです。そういうものは最初に申しましたように、外国人でさえも驚嘆するのです。それでこそはじめて禅芸術といえるのです。未熟不鍛錬のくせに、禅僧だからといって臆面もなく、恥さらしの墨跡をものして平気でいるなどまったくもってのほかです。私がいいたいのはそこなのです。

先年、某老師という有名な人の墨跡展を、ある百貨店で拝見しましたが、ササラで書いたような味もソッケもない字で、深みもなければ禅機もなく、しかも、その上にきわめて下手クソで、なんの教養すら感じさせない下品な書でした。それを見たとき私は率直に申して、世間も世間ならご本人もご本人だ、とおもったことでした。わが横山雪堂先生は、ずいぶんと人さまの書を批判して物議を醸《かも》したこともありましたが、ご自分の書もよくご存知で自己批判をしておられます。だから、人がなんといおうとオレは自分の力量を知っているから驚かない、なんと悪口いわれても、何いっているんだですませるし、ベタぼめにほめられてもお世辞をいうなと、それには乗らない、こういっておられます。これはなかなかできない芸当で、自分の作品の程度は、他人の作品を見るようには、普通の人にはできないとおもいます。しかし、ほんとうは、作品は一応紙のうえに固定しているのですから、雪堂先生のように自己批判できなければウソだと存じます。ミーちゃんハアちゃんならイザ知らず、いやしくも老師といわれる――自称かも知れませんが――ほどのものが、自分の作品の程度が判らないということは、じつは〝私は何も判りません〟ということを白状しているようなものです。自分が判らなければ、他人のことも判らないはずです。自分の力量も、他人の力量もお先まっくらで、どうして修行者を指導することができましょうか。芸術品というものは、作ることもたいせつですが、鑑賞力をもつということはさらにたいせつなことです。邪正を見分け、竜蛇を定める「真正の見解」をもたず、「択法眼」をも持たないで、どうして臨済の児孫と申せましょうか。

三道法一如

芸術というものは、押しなべて道・法兼備しなければ完全ではありません。ことに禅の芸術となれば、まず、「無相の自己」を覚証し、そしていっさいの拘束を脱した絶対自由の境地にまで鍛えあげたものでなければ、人の心を打つような作品はできません。

同時に、そのような境地を表現する技法、テクニックも鍛錬しなければ、これまたよい作品はできません。技法と道理とが一如して、はじめて禅芸術といえる、このようなことをこれまで述べてまいりました。

前になんべんも申したことですが、「なにものの拘束もつきやぶった絶対的自由」という、その自由とは、自らに由ると同時に、おのずからに由ることだとおもいます。近ごろは、自らに由る面だけを強調するから、自由が放縦になり、わがままになり、欲望的自己の肯定になってしまいますが、おのずからに由ることになれば、人は欲望的自己に死し、わがままを否定し、仏のおんいのちに生きることになりましょう。つまり、自己に死することによって、かえって真実の自己に生きるわけです。そしてそのような本来性から発するものであって、はじめて「なにものの拘束もつきやぶった絶対的自由」といえましょう。そこにおいてのみ、真の創造の世界が現われてまいります。

そこは独坐大雄峰の境地で、ものがあるがままの本性のままに存分にはたらく世界です。柳は緑に映え、花は紅に匂い「何ものの拘束も」受けずに、自分が天地のあるじとなって思いのままにはたらく、それがほんとうの自由で、おのずからに由ると同時に、自らに由っているところであります。そこが判れば、われわれの一挙手一投足、めしを食うのも、眠るのも、道を歩くのも、ことごとくが「平常心是道」となるわけです。そういうことになれば、等閑《なおざり》に引いた一本の線が妙不可思議な禅的境涯を示し、卒爾として振う竹刀が活人の妙用を現ずることでしょう。すなわち、われわれの行住坐臥が、すべてそのままで芸術的創造品となるわけです。歩々絶対であり、葉々清風を起こすゆえんでありましょう。そこではすべてが絶対生命の表われであり、みな活きているのであります。一言にしていえば、そのようにすべてが「活きている」ことが、芸術か否かを決する重要なポイントだとおもいます。

活きているものを創造するには、その作者が生きていなければならないのは当然です。作者が生きているということは、「無相の相を相とし」「無念の念を念として」坐作進退していることです。われが「無相の自己」として生きていることです。そしてまた自分が「われ生きたり」の自覚に立てば、当然、生きたものが判るわけです。前に申した「択法眼」「真正の見解」が、そなわってくるわけです。そこで、その鑑賞力について一言したいことがあります。

たとえば、線ということで考えてみましょう。

白紙に墨で一本の線を引きます。道法一如の活人が引いた線は、当然生きていますが、「活きもの」をつかんでいない凡手の引いた線は、いくら上手に書いてもこれまた当然に死んでいます。ふし穴のような凡眼で見れば、「元気がいい」とか「勢いがある」とか見える線でも、案外に死んでいる線が少なくないのはそのためです。その紙に書いた線の死活は一応わかると仮定しましょう。それが判るならば、他のいっさいの線も、判ってよい道理ではないでしょうか。

人の姿もその輪郭は線といえば線でできています。茶碗の輪郭も線です。刀剣の姿も線でできています。紙に書いた墨の線が判る眼があれば、当然それらのものの描き出す線もその死活の判別がつく道理ではないでしょうか。

しかるに現実には、書の批判はするが茶碗は判らない、陶器は判るが刀剣は判らない、という人が決して少なくありません。私には、それが疑問なのです。書が判って刀剣が判らない、というのでは、その書の見方も本ものでないのではなかろうかと、疑問をいだくのです。刀剣といえば、じつは私自身、二十年近くも山田英先生の指導を受けておりますが、いまもっていっこうに判りません。作刀の時代も判別できなければ、備前ものか相州ものかの判定もつきません。いわんや作者は誰か、などにいたってはサッパリです。ということは、じつは、山田先生にははなはだ申しわけないことですが、私にはそういうことは大した関心事ではないし、また晩年の勉強ですから記憶力が乏《とぼ》しくて覚えられないのです。しかし、この刀は生きているか死んでいるか、名作か凡作か、ということなら適確に判る、とうぬぼれております。私には誰の作でも、どこの国のものでもよいのです。よいものはよい、悪いものは悪い、でいいのです。書画も同様です。

いったい、刀剣の描き出す線と、書の線とどこに相違がありましょうか。刀身の鉄色と書の墨気とどこに異なるところがありましょうか。書の線が判るなら、刀剣の線も判るはずではありませんか。墨色の死活、深浅、清濁が判るなら、刀の肌のそれも判らなければならぬ道理ではないでしょうか。さらに、同じことが人間についてもいえましょう。人が歩く姿、坐った相、そこに現ずる線は、書の線とどこが違うでしょうか。人のかもし出すふんいきと、書の墨気、あるいは刀剣の鉄色と、はたして相違がありましょうか。

よく禅徒の間では、師家は喚鐘《かんしょう》の音色で、その人の境地が判ると申します。そうかも知れません。そうあるべきだと存じます。しかし、率直に恥を申せば、じつは私にはそれだけでは適確に判りません。強いて弁解すれば私は片耳がツンボだからかも知れません。が、歩いてくる姿を見ていると、よく判ります。明治から大正にかけて有名だった白玉という相撲は、廊下を歩く取的の足音を聞いて、叱ったりほめたりしながら指導したと申します。さもあるべきことだとおもいます。

さて、私のいいたいのは、その点です。「私は書のことは判るが、絵は判らない」とか、「絵のことは判るが、刀は判らない」、あるいは「書は判るが、人物は判らない」などというのは、ほんとうは何も判らないと、白状しているのと同じことなのです。前に線のことだけを申しましたが、それは線のみに止るものではありません。

いわゆる「無相の自己」の創造的活動が芸術作品を生み出すものとすれば、「無相の自己」の体得者なら、書であろうと、絵であろうと、あるいは刀剣であろうと、陶器であろうと、一見弁見できなければならないはずだとおもいます。もちろん私が刀剣を見る場合のように、勉強しないところは判らないのが当然です。絵を見ても、それが何時代の特色を現わしているのか、作者が誰であるのか、などはその面の勉強をしなければ判らないのがあたりまえです。しかし、そういう点は判らなくても、そのものの本質的な価値は判断できます。それが判らないのは、結局「無相の自己」がよく判っていないことになりましょう。

刀剣には掟鑑定《おきて》ということがあります。それは刄文がこうなら誰の作品、切尖《きっさき》がどうだったらどこの国のもの、姿形がこうであれば何時代のもの、といった一定の型で判定する鑑定法です。それと同じように、用紙がどうとか、印がどうとか、筆使いがどうとか、そんな点はよく研究しているが、さてその作品の本質的価値、そのものの生命は、となるといっこうに判らない人があります。そういう人はそれらの条件さえ揃っていれば偽物でも本物と間違えるあわてものであります。それは衣類の色彩や模様、あるいは眼の格好や、鼻の大小などで人物そのものを鑑定するにも等しい、愚かなことだといってよいでしょう。

四　禅の表現それ自体芸術

いろいろと判ったような、判らないような理屈を並べてまいりましたが、とにかく禅の表現は結局のところ芸術的になるのではないかと存じます。これまでに何べんも繰り返して申しましたように、真実の自己を究めつくした禅者が、その真実の自己を主体的に表現するのが禅芸術であるならば、当然そうならざるを得ないと存じます。

古来の禅者が、その味得した境地を偈頌で詩的に表現していることなども、そのことを物語る一つの証拠といってもよいでしょう。私はいったいに漢詩は好きですが、その風韻においては禅偈の右に出るものはないとおもいます。また、禅の堂奥に達した人は、その風貌そのものがすでに芸術品です。近く山本玄峰とか足利紫山などという人びとは、なんとなく芸術的雰囲気を漂わしていたようです。いわんや、それが墨跡とか水墨画などに表現された場合、いっそう端的であることはいうまでもありません。

ニイチェの「ツアラトストラかく語りき」に、ツアラトストラが、ひとり山を降りてゆくところが劈頭《へきとう》にあります。そのとき、彼は途中の森の中で一人の老翁に会いました。彼はその翁といろいろと話を交しますが、翁はその中でこういっております。

「さればこそ、その人はさながらに踊る者のごとくに行くではないか？」と。

これはおもしろいことばだと、おもいます。彼はその前に「暁の朱と共に起き」て太陽と語り、「いまや溢れんとするこの盞《さかづき》を祝福せよ」といっております。その「盞《さかづき》」を訳者の竹山道雄氏は「充溢するわが精神」だと注をしております。精神の充実して豊かなものは、当然に自己を他に与えるべくはつらつとした生命の躍動のままに、「踊る者のごとくに」人間の中に飛び込んでいくことでしょう。『碧岩録』の七十四則に「金牛飯桶」というのがありますが、ちょうどそれがよく似ているようにおもいます。金牛和尚という人は、毎日ひるめし時になると自分で飯桶を抱えて、雲水たちのいる僧堂の前へやってきて、舞いを舞いながら呵々大笑し、「サア、みんな出てこい、飯を食いに来い」と大声に呼んだと申します。しかも、それが二十年もつづいたということです。

飯桶を抱えて、なんのくったくもなく踊り舞う姿は、なんともいえない魅力ある芸術品ではありませんか。法味を腹いっぱいに食べてそれに飽満した姿、もはやなんの求めるところもない満腹の天真らんまんさは、太陽のように豊かな精神の充溢したツアラトストラを評して、森の聖者が「さながら踊る者のごとくに行くではないか」といったことばと、まったく符節を合するようです。生命の力の充実したものの姿や、生の力の躍動する形は、必ず踊るもののごとくになるはずです。健康で無心な子どもが、自分の気にいった菓子でももらえば、きっと踊ってよろこぶのと同じことです。

日本の古典にも「天晴れ、あなさやけ、あなおもしろ、あらたのし、おけ」ということばがあります。高天原の神々は、おそらく生の歓喜に湧いて、あなおもしろ、あらたのしと現実を楽しみ、生命の躍動のリズムのままに、徹宵踊り狂ったことでしょう。「かぐら」というのはそのことでしょうが、それに〝神楽〟という文字を当てているのもおもしろいとおもいます。万葉の歌人は、「この世にし楽しくあらば来ん世には、鳥にも虫にもわれはなりなん」と詠ったと申しますが、そこにはなんの暗いかげもなく、神経衰弱もノイローゼもありません。おおらかに現実を謳歌し、生の充実に酔えるもののごとくであります。

孔子さんのような人でもそうです。子路や冉有、公西華などに、それぞれの希望を述べさせたことが『論語』の先進篇に出ております。みなが大臣になってこうしたいとか、いや、おれは知事になってこうするのだ、などといっていますが、その間にあって曾子だけは黙々として琴を弾じておりました。孔子が「お前はどうか」と曾子にたずねますと、彼は「暮春、春服すでに成り、冠者五六人、童子六七人、沂《き》に浴し、舞雩《ぶう》に風し、詠じて帰らん」と、答えました。孔子はそれを聞くとホッとためいきをついて「われは点（曽子の名）にくみせん」と、いったとあります。駘蕩たる春風に吹かれながら、気の合った青年たち数人を引きつれて、近くの温泉で一風呂浴び、ビールの一杯も傾けたうえ、景色のよいところをみんなでコーラスでもしながらそぞろ歩きをしよう、というのが孔子の何よりの望みだったのでしょう。

このような、心の欲するところにしたがって矩を越えずというか、物にこだわらない逍遙遊の自在さ、洒脱さ、そういうところに「凡情脱尽し、聖意みな空じ」た禅の至境があると同時に、東洋的な〝遊〟の妙処があるようにおもわれます。そういう意味では、人生のことは遊の一字につきるのではないかと存じます、〝遊〟は、しかし決してこの頃の流行語のバカンスやレジャーを楽しむのとはちがいます。胡蘭成さんによると「日本人は悠々然というが、それはのんきに過ぎない」。遊というのは「人事有悲と天道無悲の際に遊ぶ」ことだと、かつて書いておられましたが、まことに名言であります。禅的にいえば成敗利鈍、悲喜憂楽をそのままに、すべてを〝遊〟において脱却することでありましょうか。高天原の神々も、金牛和尚も、あるいはツアラトストラも、きっとそのように「人事の有悲と天道の無悲の際に遊」んでいるのでしょう。

キリスト教の神は、原人にいのちの木の果を食べることを禁じたといわれますが、われらの神々は、むしろいのちの木を、根ごと食えと申します。いのちの木を根こそぎ食って、永遠の生命を満喫し、充溢した精神を抱いて踊り、舞い、神楽するところ、それを遊戯三昧というのではないでしょうか。

そこにいたれば○を書こうと、△を描こうと、エヘンといおうと、オホンといおうと、ことごとくみなりっぱな芸術的創作であります。

世間には不均衡の美だ、などと申して、わざと不細工な書や絵をかく人があります。ことに禅僧にそれがはなはだしいようです。しかし、不均衡を意識して、それを技巧的に出すことは、決して遊戯三昧でもなければ、神楽でもありません。いわゆる不均衡は、踊るがごとく生命の躍動するところに、おのずからに現出する無我無心の〝結果〟であって、そこには厳然たる気合の均衡〝精神の均衡〟、いや、もっと深く、〝いのちの均衡〟があることを忘れてはなりません。

物にこだわらない無技巧や、不均衡や、ないしは不完全などということは、ことごとくが前に述べた〝遊〟の境地から発するものだと存じます。まだその境地にいたらないものは、一点一画もゆるがせにせず、満身の力量をただこの一点に傾注することが、絶対に必要です。

このように、禅は芸術的創作に表現するのが一番理解しやすいどころか、必然的にそうならざるを得ないといってよいとおもいます。私がとくにそういう判りきったことをいうのは、未到の禅者の似而非作品が、ひとかどの禅芸術なるかのごとく世に横行していることに、いささか憤りを感じたからであります。作品は正直です。「われ何ぞ、かくさんや」到、未到は一見すれば明瞭です。明鑑、鏡のごとき識者の眼、いや、みずから深く慚羞を識るのみであります。

Ⅶ 仁王禅

——鈴木正三の生涯——

一 鈴木正三の一生

このごろ欧米の人びとの間には、禅に対する関心が非常に高まってきて、盛んに研究されておるようであります。アメリカでは、禅ということばはもはや常識的なものになってしまい、「悟り」とか「公案」などということばは翻訳しなくても通じるものになっているそうです。大衆雑誌や婦人雑誌にも禅の解説がのったり、漫画にさえ禅が取りあげられている状態だということです。つまり一種のブームを起こしているわけです。ブームということばが過当だというならば、少なくとも心ある先覚的な人びとの間に、期待と興味がもたれているといってよいとおもいます。

ロンドンあたりでも、禅に関する書物の出版や講演などがかなり多く行なわれていますし、ドイツなどでは『碧厳録』のようなむずかしい本を翻訳している人もあるし、またフランスでは大学で『臨済録』の講義があるそうです。わざわざ日本に来て、実地に修業している外国人も少なくありません。

こうなったのには鈴木大拙博士などの努力が大いにあずかっていることはもちろんですが、それと同時に禅というものが欧米にはない東洋独特のものであって、しかも将来なんらかの形で世界の新しい文化形成に役立つものではないかという期待がかけられているからだと、最近欧米を旅行して帰って来られた京都の久松真一博士は語っておられます。そのように心ある欧米人から高く評価され、期待されている禅が、本場のわれわれ日本人の間では案外関心が持たれず、せいぜい暇人が暇つぶしに無念無想の練習でもすることぐらいにしか考えられていないようにおもいます。しかしそれはとんでもない考えちがいです。

今日はいまから三百年ほど前、徳川初期に活躍した鈴木正三の事跡をふり返りながら、日本的な禅の考え方・行ない方とはどんなものであるかをお話したいとおもいます。しかし突然鈴木正三といったところで、おそらく専門家以外は、どなたもご存じあるまいとおもいますので、まずその略歴をザッと申しあげておきましょう。

鈴木正三といえば、彼のことを知っている人ならばすぐに「仁王禅」ということばが連想されるとおもいます。私はこれまでもしばしば仁王禅ということばを用いてまいりましたが、それは必ずしも正三老人のそればかりをさしたものではありませんでした。われわれの坐り方を勝手に仁王禅と称した場合が多かったようです。で、一度は正三老人の「仁王禅」を紹介する必要と責任とがあるとおもいます。

直心影流の組太刀に法定《ほうじょう》という型があって、それを修行するとき、一挙手一投足もみな、阿吽《あうん》の呼吸でやります。するとその顔つきや体全体の状態がちょうど仁王の像のようになります。坐禅をするにもその気合でムーッとやるから、これまた仁王さまのようになる。字を書くときにも呼吸をととのえて力いっぱいにムーッと書くから、おのずと仁王になります。

後に正三老人のことを知るようになって、ハハア古人もやはり同じようにやったのだナ、と自信を深める一方、山門に仁王が立っている意味も、段階的にみれば本尊の観音さまの境涯に達するには誰でもまず仁王門を通らなければならぬのだと、いささかコジつけみたいだけれども、そういう理屈も考えられてくる。そんな次第で、いわば剣法の気合が、坐禅にも書道にも浸透して、そこにおのずから私どもの仁王禅が生まれたという次第です。したがってそれがいいことか悪いことか知りませんし、また正三老人のそれと一つか別かも存じませんでした。おのずからそうなり体験的にこれでなければ、となっただけのものです。それはお前たちの好みにすぎない、といわれればあるいはそうともいえましょう。ご批判はご勝手次第ですが、私どもとしては「日に用いて知らず」というのが実際のところです。

けれどもわれわれの仁王禅は、いわゆる入力禅、つまり下ッ腹にやたら力を入れて腹をふくらませる、あれとはまったくちがいます。しかし、ちがうといってみたところで、ただの力と気合との微妙な、しかも天地の差のあることを体得したものでなければ、説明だけでは納得いくまいとおもわれますが、ここでは一応ちがうという点だけを頭に入れておいていただきましょう。

正三老人の禅については、彼は正当の嗣法をしたものでないとかなんとか、いろいろ批判もあるようですが、いいたい人にはなんとでもいわせておくほかはありません。実際は彼のいくつかの著述を子細に検討してみると、りっぱな師匠について嗣法しても、一生居眠り坐禅している者よりは、はるかに脚、実地を踏んだたしかなところがあります。

白隠禅師は八十四歳の頃の自画像に、次のように自賛を添えています。

千仏場中、千仏の嫌《けん》となり
群魔隊裡、群魔の憎となる
今時黙照の邪党を挫き
近代断無の瞎僧をみなごろしにす
者般《しゃはん》醜悪の破《は》瞎禿《かっとく》
醜上醜を添う又一層。

このはげしい白隠さんの気魄には、どことなく正三老人の烈々たる禅風に通ずるものがあると、私には好もしく感じられるのですがいかがでしょうか。

「黙照の邪党」「断無の瞎僧」、つまり山の中の石地蔵さんのように、無心の境涯に耽着《たんじゃく》して、大慈大悲の菩提心もなく、社会生活上の千差万別の場面での自由自在なはたらきもない立ち枯れ禅が、その「邪党」「瞎僧」なのです。ちょっと考えると現在ではそんな人はいないようにおもわれますが、どうしていないどころではありません。

なるほどむかしのように朝から晩まで石地蔵さんのように坐りこくっていたのでは生きていけませんから、それはないでしょうが、心の境涯としてはそこを最上のものと考えている人が決して少なくないようです。

白隠さんは「無」とか「空」とかいう無事禅が大のきらいで、いわゆる「無事」でいるくらいなら、ネジリ鉢巻きでバクチでも打った方が気がきいている、とそんな連中を叱っております。それを「無心の境」などをいいことのように考えているとはイヤハヤです。そういう禅徒や、芸術家は白隠さんに「みなごろし」にされなければ目が明かないことでしょう。

正三老人の『驢鞍橋』などを拝読しますと、ちょうどこの白隠さんの自賛のような場面がいたるところに出ていまして、古今同揆でまことに痛快です。

つい脱線してしまいました。いやはじめから線路がないのですから脱、入どちらでもいいようなものですが、正三老人の仁王禅という本来の筋道に話をかえして、まず正三老人の履歴書のシワのばしからとりかかりましょう。

弟子の恵中という人の書いた『石平道人行業記』によって、ごく荒筋をかいつまんで申しますと次のようです。

老人は俗称九太夫、諱は正三、父は鈴木氏です。天正七年巳卯（一五七九）生まれ、どの書物にも月日が書いてありません。三河国加茂郡足助の人です。父重次は徳川の家臣で、正三はその長子ですが、家は弟の重成に譲り、自分は高橋庄の七十騎中の某家を継ぎました。

早くから生死の問題に疑いを抱いていましたが、十七歳のとき、半偈を求めて雪山に身を投げた雪山童子の因縁を『宝物集』という書物で読んでにわかに無常を悟り、身命を惜しまざるの意を発したといいます。慶長五年、関ケ原の陣には二十二歳で本多佐渡守にしたがって戦い、忠に死せんことを期し、捨身の心を鍛錬し、勇猛精進の真意を得たと申します。

戦後、下妻の多宝院の良尊、宇都宮の恵林寺の物外などに見え、物外の下では大愚、愚堂、明関らと親しくしていたようです。

慶長十九年、大阪陣に本多出雲守にしたがって戦い、元和元年の再度の大阪役には徳川秀忠にしたがいました。時に三十七歳。後、江戸駿河台に住し、貴雲寺の万安に師事して曹洞系の宗風をきわめました。

元和六年（一六二〇年）、四十二歳のとき、家を猶子重長に譲り、出家して旧名正三を僧名としました。寛永元年、石平山に茅庵《ぼうあん》を結び、同九年、五十四歳のとき、仏殿を建て石平山恩真寺と号しました。

その後、各地を巡錫して慶安元年、七十歳で江戸にいたり、およそ七年間縦横に垂教し、明暦元年（一六五五）六月二十五日申刻、駿河台の弟重成の邸内で、怡然《いぜん》として七十七年の生涯を閉じたのであります。

死の両三日前から諸人の見舞いを許したので、一人の僧が「猶々法要を示し給え」というと、はったとにらんで「何と云うぞ、我三十年いうことをえうけずして左様のことを云うか。正三は死ぬと也」と、末期の一句を吐いたということです。

『鈴木正三道人全集』を見ると九種類の著作が集められてありますが、その中の二種類あるいは三種類は、自著ではなくて弟子たちの編集したもののようです。これからその中でもっとも有名な、弟子の恵中の聞き書きであるところの『驢鞍橋』を主として、仁王禅の消息をうかがいたいとおもいます。

二 『驢鞍橋』

まず『驢鞍橋』に描かれている正三老人の風貌をしのぶと、いっそう興味もふかいかと存じます。

『驢鞍橋』下巻の百三十八項に「師の古傍輩何某殿語曰」として、正三老人の若い頃のことなど二三の逸話めいたものが物語られていますが、その中に「鈴木殿は、常に人に不混、打上て柱に打懸、きっとすみの目使って居人也」という表現があります。これは正三老人の属する高木主人の組が、大阪御番に当たって出立する前夜の送別の酒宴の状景を描いた中の一部分で、「其日も如是して居給いけるが云々」と続くのですが、いかにも正三老人の日常の態度をうかがうに足るものとおもいます。

「すみの目」というのがどういう目付きのことか私には判りかねますので、どなたかご存知の方に教えていただきたいと存じますが、隅とか角とか横目に見流して超然としていることでもありましょうか。大勢の人がざわざわとしている間にあって、ただひとり超然と静まり返って床柱に背中をもたせかけ、きっと「すみの目」を使っている——おそらく彼らの献酬や、ようやく声高になってきた一座のにぎわいをよそに見流している状態でもあろうかとおもわれます。

四歳の頃から早くも生死の問題に疑いを抱き、十七歳にして無常を悟って身命を惜しまなかった正三老人にしてみれば、思いあがって人びとを小ばかにするような気持ちのなかったことはもちろんでしょうが、さりとて取りとめもないことをうだうだと「ねばこく」わめき合っている連中の間にはとうてい伍し得られなかったでしょう。その夜も一同が酔ってきて、「後を頼むぞ、先を頼むぞ、道中宿々の約束まで言合わせ、しみたれたる座」になってきたら、正三老人は「つつと座中に出て、扨々各々はねばい事を仰せ有る者哉、道中跡先のことまで、今約束あるとも争《いかで》か当んや、分別の仕置は用に立ぬもの也。何か大事の御番に参る身が、我れ人、生きて参らんず、門を出るよりずんと命を捨て死に切て出で、其時々に随って事をなさん迄よ」といったとあります。その一言を聞くと「一座の人びと胸つつ切って心安く成りたる」とも、書き添えられております。歌舞遊宴の真ッただ中にあっても独り無人の曠野を行くがごとしと白隠さんのいったような風情があって、いかにも正三老人の風貌を眼前に見るような気がいたします。そして、彼の後年の禅風を、一番よく表わしているとおもいます。それはあらかじめ予定した分別の仕置きは役に立たぬということと、命を捨て、死に切って体当たりでかかるという点です。

彼は由井正雪の事件を批判して「正雪忠弥などは分別の仕置きさえすれば、なんでも成就すると考えてのことだろうが」と一笑に付していますが、彼の考えによれば、ああ、こうという予定の通りには小手先細工では事が運ばないのであります。思慮分別を超えた無分別がいいので、おもい立ったらそのまま分別なしにするがいい、「外出なども機が動いたらそのままふと出て行く事だ、出がけに雨や雪が降ったら子供の頃、雪を楽しんだ時のようにスッと出て行くがよい、万事無分別でやる習慣をつけると存外心の軽くなるものだ」といっています。それには別の個所でいっているように、ひたすら土になって修行し、己というものを完全に殺し尽くした上で、勇猛の機一つでその事に体当たりをすることを習うほかはないというのです。正三老人が「わが禅は土禅だ」といっていることばは、通俗で誰にも理解ができて、しかもなかなか含蓄の深い表現だとおもいます。

私の先師、天竜の精拙禅師はよく「道」という字を大きく書いて、その下へ小さい字で「踏んで瞋《いか》らず」と書かれましたが、たしかに土は人に踏まれても、犬に糞をされても怒りもしなければ、いやな顔もしません。つまりは己がないからです。しかも地上の生きとし生けるものは、何一つとして土に依存しないものはありません。その土のようになって生きるという、そこに正三の禅の特色の一つがあると存じます。

正三老人はまた死ということを強調します。「生を明め死を明めるは仏家一大事の因縁也」と申しますように、いったいに禅では死を強調するのがつねですが、正三老人の場合はもっと激しく、たとえば「此糞袋を何とも思わず打捨つること也、これを仕習うより別の仏法を知らず」などということばが『驢鞍橋』のいたる所に見られるほど激烈なものです。彼は二十三歳で関ケ原に出陣したときも、敵の槍先にかかって死のう死のうと先がけて進み、捨身の心を実地に鍛錬してその真意を体得したと述懐しているほどですから、とても普通の畠水練とは比較になりません。

士禅とは結局その死習うことですが、その生死を超える具体的方法として、有名な「仁王禅」が生まれてくるわけです。

三　正三の仁王禅

「近ごろは仏法（禅）を修行するのに、勇猛堅固の大威勢のあるということを忘れているようだ。だから仏法を学ぶ人々は、柔和で殊勝げにはなる。また無欲なお人好しにはなるが、どうもなにくそっというところがいっこうにない」（上一）これがまず開巻劈頭に出てくる正三老人の嘆きです。

私も『剣と禅』でこういうところを大いに強調し、行き過ぎるくらいに説いておきましたが、禅の何とか性などというへろへろ禅や、見性もしないうちから無礙自在の境などばかりねらっている連中は、おそらく未在未在といってあざわらっていることでしょう。さもあらばあれ。

「仏道修行――禅をやる者は、まず仏像を手本にして修行するがいい。けれども初心の者が柔和な如来像を目標にして如来禅などをやるのは迚も及びもつかないから止した方がいい。初心者は仁王さんか不動さんを手本にして仁王禅をやるに限る。仁王さんは仏法の入口、不動さんは仏さまのとっきである。だから仁王さんは寺の門に立っているのだし、不動さんは十三仏のはじめにいるのだ。仁王さんや不動さんの勇猛の気力にあやからなくては、煩悩とのたたかいに絶対に勝ち目はないぞ。坐禅するには強いが上にも強い心を用いて、張り切ってやらなければだめぞ。

この頃は仏法が衰えて悪くなり、活きた機を用いるものがいなくなった。どいつもこいつも死人同然の奴ばかりで話にも何にもなったものではない。学道は須らく鉄漢たるべし、禅は須らく活漢でなければならない。そういう本当の活きた禅を知らずに、殊勝げに行ないすましたり、もの柔らかなのがよいのだなどと勘ちがいしたり、沈香もたかず屁もこかず腐れ水のように沈み入ったのが禅の真境だとか、悟りだなどとつまらぬことを鼻にかけるのが多いが、とんでもない気狂い沙汰である。

諸君はそんな邪師の邪説に迷わず、仁王・不動の凛々たる活気を受けて、断じて悪業煩悩をすわりきってしまう決心で、眼をすえ、拳を握り、歯ぎしりしてすわりたまえ。心身に気力を充実して、どっしりと、ゆったりと、凛然とすわれば、釈迦も達磨も、悪魔も外道も、何もかも決して面出しできるものではないぞ。禅の修行は要するに勇猛の気力一つで成就するのだ。その他には別になんの子細もいらんのだ」（上三）

まことにこの一章だけで「仁王禅」の話は終わってしまってもいいくらい、至れり尽くせりの正三老人の示衆であります。さすがに命を捨てるべく死に身になって戦場を往来した豪の者の、実地を踏んだ体験上の活言です。たしかに無始劫来の生死のきずなを切るには、生ちょろいことでは断じていくものではありません。

しかしいくらこういわれても、なかなかおいそれとはまいりません。「どうも私には仁王さんを見ても勇猛心が湧いてまいりません」と訴える弟子のあるのも当然でしょう。すると老人は立ち上がって息を吸いこみ、ウムとばかり「吽仁王」のまねをして見せて、

「どうだ、この機が移らんか！」

といい、さらに次には大手をひろげ口をアーと開き、

「この機はどうだ！」

といいました。そしてことばをついで、

「以前、河内国でこんな姿勢の阿仁王を見たことがある。それはじつにみごとなもので、活気凜々として誰が見てもその充実した気力がこちらに移りそうな仁王であった。もっともそこの仁王は吽《うん》の方も非常によかった。その外にはどこで見たものも大ていはへご仁王ばかりだった。へご仁王ではこちらに活気が移ってこないから、凜々たる仁王像に接しなくては駄目だ」

こう申されました。また「自ら模様を作して曰」とありますから、おそらく槍か太刀を構えて強敵に

突っかかるか、切りかかる状態をして見せたのでしょう。

「こういう風に体を捻ってじりじりと敵に迫って行くような格恰の仏像を、鎌倉の覚恩寺（鈴木大拙博士の校訂では園）の十二神の中で見たことがある。仲々颯爽として威力のあるものだった。わしにはこの像が一番うってつけだ。そこでこれを果し眼の禅とも名付けている」

と弟子たちに説いて聞かせています。果し眼というのは仁王の内容とみていいのではないかとおもいます。

「仏像というものは、どんな種類のものでもみな眼がすわって活きた形のものばかりだから、平生から気をつけてよく見てその活気を受けるがいい」（上一七〇）

と述べ、ただどうも大黒さんだけはどこがいいのか自分には判りかねるが、あれも何かの意味があるのだろう、とその項を結んでいます。

弟子の訴えに対し、スックと立ち上ってア、ウンとばかり仁王の気を全身に満たして示すところは、いかにも正三老人らしいものすごさです。

坐禅や静坐をやる者の陥りやすい弊害は、前にも申しましたように、無念とか無心とかいって何も考えの起こらない状態がいいのだと決めこむことでしょう。ほんとうの無念とか無心とかは心身が充実して澄み、かつ冴えた状態ですが、世間でいうところの多くは気の抜けたビールのような状態をさしているのではないかとおもわれます。

正三老人はそういうのを「機のスリ減った」とか「沈み坐禅」とか呼んで罵倒しています。

「ある日、その沈み坐禅をして得意がっている者に向かって次のように示されたことがある。

そのような愚にもつかぬ真似をするよりは、只だ死ぬ事を習うがいい。その外には何にもいらない。無理にでもいいから死を習って、夢の中でもそれを忘れないようにすることだ。世人はこの腐れものを（身体のこと）なんのためにたいせつにしているのだろうか。暑い寒い、痛い痒い、何一つとして苦しみでないものはない、さてもいやな苦しみの肉体かなと、きっとこの糞袋をにらみつけて、朝から晩まで接する境界と張り合っているような念を起こすべきだ。

他目《よそめ》にはそうも見えまいが、わしは自分自身で気がついて見ると、必ず奥歯を咬み合せ、眼をすえて、きっとにらみつけている、いつもそういう状態になっている。それも昨日や今日はじまったことではなく、青年時代からそうしてきたものである。いま奥歯を咬み合わせると言ったが、実は外にいいようがないからそう言ったまでで、厳密にいうと奥歯と前歯の中間の歯である。それをきっと咬み合わせ、眼をすえ、じりじりとにらみつけているのだ。それをわしは果し眼坐禅と呼んでいる。

それは八幡といって、槍をひねって敵に突つかける、その時の〝すわった〟気合をいうのである。その気合さえ手に入れれば、どんな念が起きようが決して障碍になるものではない。わしの坐禅はそういうやり方だ。

ところが、いまどき世間で行われている坐禅は、いわば念を起すまいという坐禅で、わしに言わせればそこには早くも既に起すまいという念が起っているのだが、御本人は一向そのことに気づかずにいるのだ」

まことにその通りで、自分で坐禅をしてみるとよく判ります。たとえば数息でも公案でも三昧になろうとするから、その「なろう」という妄念が邪魔になって、かえって三昧になれないのです。そして三昧になれないとそれが気になって、こんどはまたその三昧を妨げる妄想をなくそうとおもう。そのおもうものがこれまた妄想ですから、妄想と妄想とがはてしなくからみ合って、ますます三昧から遠ざかってしまうわけです。

正三老人はそのことをいっているのですが、さらに語をついで、

「わしも以前に念を起さず坐禅をやってみたことがある。それは万安和尚が岩村におられた時、わしは石の平から岩村までの間、一念も起すまいと思えば起さずに行けた。けれどもそれは〝沈んだ念起さず坊〟では決してなかった。ただただ勇猛の一気でやりぬいたのである。とにかく、大念起らずして諸念休むべからずで、畢竟、世間一般の念起さず坐禅に反して、わしの方は念起し坐禅である。それも須弥山ほどの大念を起させる坐禅である」（下一〇九）

こういわれました。

盤珪禅師の法語に、ある俗士が「起る念をはらえばまたあとから起こって止みませんが、いったいこの念をどうしたら起こらないようにできましょうか」と、たずねたのに対する盤珪禅師の答えが出

ています。それがこの場合参考になるとおもわれるのでここに引いてみましょう。

「起る念を払うのは、恰かも血で血を洗うようなものである。はじめの血は落ちても、洗った血でやはり汚れてしまう。いつまで洗っても同じことで、決して血の汚れはとれないから結局は徒労に終る。だから念などというものは、仮の化想だと考えて取らず嫌わず、起るにまかせ、止むにまかせて放っておくがいい。たとえば鏡に写った影のようなもので、鏡はハッキリと物を写し取るが、だからといってその写った物が鏡にくっついてしまって取れなくなるわけではない。われわれの本心は、その鏡よりも千倍も万倍も明かでしかも霊妙な働きをもっているのだから、一切の念はいくらつぎつぎと継続して起っても、その本心の光明の中に消え去って跡かたも残さぬものである。この道理をよく信得できれば、念はいか程起っても決して妨げになるものではない」

こう申しております。盤珪禅師の方はいささか消極的なようでありますが、同じことを正三老人は積極的に勇猛の大念を起こせといっているのです。

『無門関』第一則に無門和尚がつけている次のような有名な評語があります。

「三百六十の骨節、八万四千の毫竅《ごうきょう》（全身のこと）をもって通身に箇の疑団を起して箇の無の字に参ぜよ」

「平生の気力を尽して、箇の無の字を挙せよ」

これは申すまでもなく、全心身をあげて「無」の字に成りきってしまえ、その仕方は自分にもっているかぎりの全気力を出しきってムーッとやれ、ということです。いわゆる毒をもって毒を制すで、この「無」字の公案も結局は正三老人のいうところの大念であって、万念千慮をブチ切り生死不到のところにいたるための手段にほかならないとおもわれます。

そういうわけですから老人は

「だから〝抜けがら坐禅〟をやり、〝アツカ忘然〟として、物を思わないのが無念無心だなどと考えているのは大きな錯りである。そんなのは機（気）が減って神経衰弱になったり、気狂になったりするもとである。仏法の無念無心とはそんな神経衰弱的なものではなく、一切万事の上に用いる活きた無念無心である。従って無念無心の坐禅は只だ勇猛心の一つが大切なのだ」（上七〇）

と繰り返し強調する次第です。

「死に習う」とは老人の好んで用いることばですが、ではその死に習うとはいったいどういうことでしょうか。

上巻の十に老人自身のことばとして「只土に成て、念仏を以て死習わるべし」とあり、さらに同じ上巻五十七に、ある俗人が来て「土に成るとはどういうことか」と問うたのに答えた個所がありま す。それによると、

「その方の胸の中の知解妄想を悉く打ち捨てて、南無阿弥陀仏、南無阿弥陀仏と何の道理も考えず、われというものも打ち捨てて、ただ虚空一枚になって念仏することである」

と答えています。これでみると、死に習うとは土に成ることであり、土に成るとは全心身を打ち込んで天地一枚になり、命をかぎりに念仏、数息、公案など、そのものに成りきって念根を切り尽くすことだといえます。

ある僧が修行の用心を問うたとき、老人はそのように答えております。するとその僧が「ではこの身を離れる事と心得ておいてよいでしょうか」というと、たちまち頭上から例の雷が落ちました。「バカッ。心得ておくとは何事だ！　仏道というは心得ておく事ではないぞ。心身を修し尽くすことだッ」（上一〇）

どこまでも痛快な老人の対応ぶりであります。

四　せぬときの坐禅

至道無難禅師は「坐禅の大事」と題して、

せぬときの坐禅を人の知るならば
　なにか仏のみちへだつらん

と詠んでいますが、これはたしかに坐禅の大事だとおもいます。正三老人のしばしばいうように、坐禅には「沈み坐禅」や「機のスリ減った」坐禅は絶対に禁物ですが、しかしいくら気を張ってリーンと坐ったにしても、それが坐蒲団の上に坐った間だけで、その他の多くの時間をアッカ呆然とすごしたのでは何にもなりません。
それではちょうど、竹刀を構えて敵と相対したときだけの剣道か、お点前をしている間だけの茶道のようなもので、そのときだけは寸分隙のない状態ですが、日常、人と応接する際には剣道も茶道もまったくないのと同じことで、それではほんとうのものとは申せません。そこにどうしても「せぬときの坐禅」の重要性があり、またせぬときの剣道や、せぬときの茶道が究められなければならぬ理由があります。

もちろん無難禅師の「せぬときの坐禅」はそんな簡単なものではなく、もっと意味の深い、そしてきわめて向上のものでありましょうし、また本分上のものでもありましょうが、ここでは初心の心得としてそのせぬときの坐禅を正三老人のことばの上で味わってみましょう。

あるとき、老人はさる人に「修行の心得というわけではないが、平生の機の用い方を教えよう」と前置きをして、前にも引用しましたが次のように示しております。

「何事かをしようとするには、思い立ったらそのまま分別なしにするのがいい。後で……などと思うのはよくない。外出などするにもそうである。外出しようという機（気）が動いたらそのままふいと出て行くことだ。後にしようなどと思い直してはいけない。その折にもし雨や雪などが降り出したとしても、ああ愉快だ、子供の頃には雪投げを楽しんだものだ、とスッと出て行くがいい。万事このように無分別でやる習慣をつけると、存外心のかるくなるものだ」（下六八）

これはむろん坐禅をするときの仁王の機を、せぬときの坐禅として用いる仕方を説明したものです。ここに「無分別」といっているのは、鈴木大拙博士の得意の「無分別の分別」のことで、分別しないことでもなければ、分別する能力を無視することでもありません。それどころか、かえって分別に徹底し、分別に成りきることだとおもいます。いわゆる「大剛精進勇猛」底の仁王の機の張りつめた気合い、充実しきった心境で、そのもの、そのことに体当たりしていくことであろうとおもいます。

老人によれば、禅はまた歌などを歌う上にもあります。

「ある日、観世某が来て法要を問うた時、老人は彼に向って、謡をうたって見なさいと言った。彼は作法通りにうたって見せた。老人はこれを聞いて機をキッと引っ立てて、胴から声をつき出して歌うとき、雑念妄想は起こるまい、それとも起ったかな。彼曰く、いいえ、起りませんでした。老人曰く、そうだろう、坐禅といったところで別のことはない、今のそれが坐禅なのだ。いつでも今の気合でおればいいのだ。そうすれば熟してくるとおのづから無念無想の心に成ってくる。そのときは謡の方も自然に名人になるだろう。つまりは世法仏法ともに成就することになる。君はただ謡で坐禅をするがよい」（中八三）

こう申しております。謡の外の別に坐禅があるわけではないと示しているわけで、これまたせぬときの坐禅です。

その他にもこれに類したものがたくさんあります。

「夜話のとき老人が語って曰はれるには、何某の母は実に不思議な女人だ、この間一寸張りつめた気合を教えたところ、もう会得してしまった。この頃では姿形まで前とは一変して充実してきた。今日も今日とて女中たちがもたもたしていると〝何というだらしのないことだろう、こういう気合でやりなさい〟と、そのまま立って仁王のまねをして見せていたが、わしが見てもちっともおかしくなかった。知らぬ人は気狂い女というかも知れぬが、仲々どうして仁王の機で働く姿はたいしたものだ」（下五一）

女性は台所仕事を仁王の機でやるのが坐禅だというわけです。心学者に対してもまたそれに適したやり方をすすめています。

「仏法というものは分別で身を修ることではない。過去を思わず、未来を分別せず、只今の一念を充実して清浄に用いることの外にはない。こうなったらこうしようなどと平生から分別の仕置をしても役に立つものではない。物事はみなお天道さま次第だ。だから万事天道に任せて、只今の一念を充たしていれば心が清まってくる」（上一二四）

心学者はいつも端的ただ今ということを主張していますので、それを取りあげて禅要を示したわけでしょう。正三老人の禅が心学者に取り入れられたという学者もありますが、後年の心学が強調する「端的只今」とか「当機」などという教えは、あんがいこの辺からきたものかも知れません。

武州の鳩谷の宝勝寺に行ったとき、近隣の農家の人たちが数十人も集まって、道を問いました。そのときの教えもなかなか味わいがあります。

「一体、農業はすなわち仏行である。従って君たちは農業をする外に別しての修行は入らないはずだ。君たちの肉身はそのままが仏体だし、心は仏心、仕事は仏業である。ただ心の向けようが悪いから、善根をほどこしながら逆に地獄に落ちるといった結果になるのだ。だからその心の向きを改めるがいい、それにはまづ農業をもって生れぬ前からの業障をつくすのだという大願心を立てて、一鍬一鍬に力一ぱいナムアミダブツ、ナムアミダブツと唱えながら耕作すれば、必ず立派な悟りの世界にいたることができるだろう」（上九八）

こうさとしています。

むかし読んだ吉川英治氏の『宮本武蔵』に、武蔵が法典ケ原だったかで開墾をするところがあったとおもいますが、そのときの武蔵はたしか鍬をふるって大地を耕しながら、剣の道に向かって究め去り究め来りつつあったものと記憶しています。また、小山清勝氏の『それからの武蔵』にも、丸目蔵人が剣の道を農によって究めようとしているところがあったとおもいます。禅にせよ、剣にせよ、せぬときのそれが、それぞれの日常の業務を通じて行なわれるはずであり、またそうなければ道とはいえないものであろうとおもいます。

正三老人はその意味で、武士には「ときの声の中に用いる坐禅」を教えるなど、あくまでも「生活の中における禅」を主張しています。

「もろもろの芸事はみな禅定の力ではじめて行えるものである。その中でもとくに剣道は抜けた心では使えるものではない」

こういって、自ら太刀を取ってピタリと正眼に構えてみせたうえで、

「どうだ！　これが禅定の力というものだ。しかし剣道家はえてして剣を使う時だけは禅定力を発揮できるが、一度剣をおくともう気が抜けてしまうからだめだ。それに反し禅家はいつでも禅定の力を用いるから、一切に負けることがないのだ」（上一〇七）

これが王三昧と事三昧との差とでもいうものでしょうか。

直心影流の剣道に右剣左剣の「霊剣」の伝があります。まず太刀を右から左へ横一文字に斬り払い、次に左から右へ切り払います。これは「四方を切り払う心」だと「伝解」に記されております。それから太刀を上段に取って真向から一打ちにうち下します。これは「天の万物を降すの意」だそうです。この左右と上段とで、ちょうど十字になりますので、普通これを十字を切ると申します。要するに妄念を切り払うのですが、このとき渾身の力をこめてヤア――エイッと掛け声を発します。

組太刀などを使うとき、はじめにこの十字を切ると雑念妄想は一ぺんにふっ飛んでしまい、心気爽然としてたちまち三昧に入ります。また、すでに疲れきって気力まさに尽きなんとするときなどにこれを行じますと、活気凛々として天を蓋うの気迫を生じます。これを行じたときほど掛け声ないしは発声の偉力を如実に知ることはありません。

正三老人は禅定を修する上において、発声を尊びますが、まことに理由のあることだとおもいます。前に述べた「ときの声坐禅」もその一つですが、その他に謡や誦経などで力一ぱい声を出させ、いわゆる沈んだ気や沈んだ調子を引き立て、浮かぶ心、浮かぶ調子という「生きた機」の充実を図っております。

「浮かぶ心」というと、なんとなく浮薄な上ッ調子という意味に取られそうですが、正三老人の場合はその反対です。このことばは『反故集』や『万民徳用』に、繰り返し強調されていますが、『驢鞍橋』の中にも数カ所に見受けられます。たとえば、

「一日語って曰く、越前の士に某という人があるが、その人はわしの言うことを正確に受けている、その実例を挙げてみると、彼は友人たちから捨身について質問されたときこう答へている、捨身とはピンと張った心である、槍をおっとって、つるつると懸る心がそれである。それはまた浮ぶ心ともいう、また業《わざ》にも浮ぶわざ、沈むわざということがあるし、調子にも浮ぶ調子、沈む調子というのがある。こう言って〃高砂やこの浦舟に〃とうたって見せ、これが浮ぶ調子だと言ったそうである。なんとわしの話をよく聞いた人ではないか」

こう申しております。そして自分も謡で授けようといって、ある人に「八島」をうたって聞かせたところ、

「ひしとその機がうつり、心がだんだん張りきって勇気凜々としてきた、その後二、三日というも

のは機が強くなって一切に負けず、起ち居ふるまいにはずみがついてきた」（下七五）
とあります。よほど活気に満ちた人柄だったのでしょう。
歌はよほど好きだったとみえ、しばしば謡を坐禅の機に用いよと説いています。ただその場合、声の出し方が問題で、前に引用した観世某に向かって説いているように「機を引っ立てて胴から声をつき出す」ことを強調しております。
ある日、さる大名の奥方が来て用心を聞かれたとき、老人は小唄をもって後世を願えと指示し、かの者に歌わせております。そのとき、老人はこう申しました。
「そのような哀れな声で、ふし回しを美しくみせようとしていてはだめだ、胴から声を出して、しっかりと歌いなさい。そうすれば自然に禅定の機というものが判ってくる。熟してくれば、歌わないでいる時にも、その張りきった気合が用いられるようになるだろう」（下五〇）
老人はまた誦経によっても禅定力を練らせています。これも何カ所かに出ておりますが、その要領は謡の場合と同じことです。
「ある日、誦経の際に言われるには、体をすっくと正し気力をへその下におちつけ、眼をすえて誦経するがいい、そうすれば誦経がすなわち坐禅になる。抜けがらになってなんぼお経が読んだところで功徳はないぞ」（上一一）
「賢崇寺で一人の俗士が念仏の申しようを問うと、老人は眼をすえ、拳を握り、きっと胸を張って、なまだぶ、なまだぶ、なまだぶと唱えてみせ、いつでもこの気合でいなければ、物の用には立たない。ついでに言っておくが、修行というのはいつも気力を抜かさぬことの一つである」（下七八）

こういってその例をあげて説明しております。

老人のこのことばを聞いていますと、天竜の峨山和尚がよく雲水たちを策励するために話したという「念仏の法話」のことが思い出されます。

「むかしある所に、念仏婆さんと呼ばれるほどの熱心家がいたが、その婆さんは朝から晩まで、起つにも坐るにも何につけてもナムアミダブツを唱え、お寺詣りもかかしたことのない奇特さだった。それなのにどうしたことか死んだら地獄の黒門につれて行かれたので、婆さんビックリして大八車にいっぱいつみこんだ念仏を持ち出して、私は娑婆にいるときにはこれほど信心をしていました、どうかこの功徳で極楽にやってください、と頼み込んだ。そこで鬼どもがその念仏を一枚一枚あけて調べてみると、アア孫が小便するナムアミダブ、オオ今日は暑いナムアミダ、それ火が燃えているナンマイダ、といった調子のものばかりで、車いっぱいの念仏がみんなカスばかりだった。ところが底の方に何かゴトゴトいうものがある。鬼どもがなんだろうとおもってそれを取り出してみると、それは婆さんがまだ若い頃、お寺詣りの途中、広野原で雷雨にあったことがあった。そのときに近くに、ガラガラぴしゃっと落雷した刹那、思わずナムアミダと一生懸命に唱えたその一声の念仏だった。その一枚だけは実《み》みがあったのでその功徳によって婆さんは極楽に行けることになった」

こういう話であります。「ぬけがらになってなんぼお経を読んだところで功徳はないぞ」と正三老人がいうのはそのことです。力いっぱい唱えなければ、とてもとてもです。

歌でもお経でも、節回しや上手下手にとらわれず、気力いっぱいに声を出すことがよいので、そうすれば鬱屈した気分が解けて、活気が湧き、心身おのずから充実してくるものです。それもだんだん進んでくるとしまいには「歌わないでいるときにも、その張り切った気合が用いられるようになる」のであります。それがせぬときの坐禅という正念相続なのです。

正三老人はあるとき、

「物を食べるときでも、おしゃべりをしている時でも、その他何事によらず仕事をする上にも、一切の場合に気を抜かさぬように修行しなければいけない、そして万事と工夫とが一枚になるのを、工夫の中に万事をなすというのである」(下一〇三)

と示しておりますが、そうなるのがほんとうだとおもいます。白隠和尚が「動中の工夫は静中の工夫にまさること億万倍」といったのもそれであり、また王陽明先生の「事上磨錬」も同調のものでありましょう。

そこが手に入ればまさに「坐禅は安楽の法門」になること請け合いです。

正三老人の仁王禅については、まだまだ興味ある問題がたくさんありますが、長くなりますから一応これで終わりにします。

われわれは正三老人のような、活気に満ちた力ある禅を修行し、奥深い宗教的の安心と、透徹した哲学的の直観とを養って、知識負けをして苦悶にのたうち、東洋文化に明日の救いを求めつつある欧米の人びとに、その光明を頒《わか》ち与えなければならないと考えております。ご清聴ありがとうございました。

（昭和三十五年一月ニッポン放送「暁の鐘」ラジオ放送の速記）

Ⅷ　剣禅一如

一　剣と禅

今日は剣禅一如というお話をいたすことになりました。どうも少し勝手が違いまして、ここにまいりましたときから度肝を抜かれてうろたえているところであります。私どもがかって生活しました環境は、こういう美しいお嬢さん方ばかりの花園のような所ではありませんでした。索莫とした味気ない所ばかり歩いてまいりましたので、びっくりぎょうてんして、花園に下りた毒蛾がうろたえ回っているような気持ちであります。ことに紀野先生、非常に意地がお悪くて、こういう美しい花園の中で、「剣と禅」というような話をしろと――まったく情けない次第でございます。

剣と禅とがどうして一如になるか、書いてしまえば「剣禅一如」とたった四字ですけれど、なかなかこれは難問だとおもいます。剣はご承知のように、人殺しの術であります。今の竹刀稽古はそうでもありませんけれど、それでもやはり頭を叩いたり、小手を打ったりして、その叩き方がうまければだんだん段が上がっていくんです。そういうものと仏の慈悲で、衆生を済度し人を活かす仏法とどうして一致するのか、どうして一如するのか、これはとんでもない話であります。西田幾多郎先生のように絶対矛盾の自己同一という便利なことばを出してしまえば、もうそれっきりでおしまいでありますが、なかなかどうして……。私自身もこれには非常に苦心いたしまして、はたちか二十四、五までは、人の頭を叩いていい気持ちになっていましたが、二十八、九から三十にかけてだんだん体力が衰えてくると、どうもこんなことを一生やっていてどうなるんだろうか、さて棺桶に入るときにふり返ってみて、「われよくぞ人の頭を叩きまくったり」といって莞爾《かんじ》として死ねるだろうかということを痛切に感ずるようになったわけであります。しかしまた、考えてみますと、剣の道というのは、むかしの人が申しましたように、生死《しょうじ》ぎりぎりの場に立つものであります。生きるか、死ぬか、この太刀ひと打ちがはずれれば、自分が死ぬ。この頃の竹刀稽古ではそういう感じはございませんけれども、むかしの侍は、三尺の剣に命を託してやったわけであります。だからいつでも武士というものは生死の巌頭《がんとう》に立って剣が自由に使える——つまり平素修練したわざが、生きるか死ぬか、ひと太刀で運命を決する場で、それが自由に使えるかどうかということを考えるとき、どうしても生死という問題を解決して、それを脱却してしまわなければ、剣が自由に使えないわけであります。あの佐田の山でさえも、優勝をかける一番になるとへまをやって負けた。あれは命のやりとりには関係ないようなことでありますけれども、緊張すると平素のわざが発揮できないということになるのであります。そのために武士は、生死といって生きるか死ぬかということをつねに見つめていたわけであります。そうなると「生を明め死を明めるは仏家一大事の因縁なり」という禅と、親類付き合いするほどの近い関係もあるといってよいとおもいます。

いったい、剣術というものは、いつの頃からあったかというと、剣というものがあれば当然それを使うわざがあるわけですから、剣とともにあったとはいえます。しかし最初の頃は運と度胸にまかせて使ったんですね。そして運の悪いやつがぽかんとやられて、地獄にまっ逆さまに落ちてしまう。運のいい奴が生き残る。生き残った奴が仲間を集めて、おれはこういうときにこうやったから上手《うま》くいったぞ、というので教習法ができ、それが固まって一定の型すなわち組太刀というものができるのです。そして型をどんどん鍛錬する。そうすると、どういう利点が発見されたかと申しますと、まず平素稽古しているものは、足腰が強いというのが一つの利益になります。今の道場の中でやっているのと違って、重い鎧を着て、広い戦場を駆けめぐるんですから、どうしても足腰を強くしなければなんにもならない。さし当たり今頃では、マラソンをやった方がいいわけであります。私ども、若い頃に指導を受けたある人が、毎朝マラソンをやれば足が強くなって、かけ引きが自由になるぞと教えられましたが、むかしの侍《さむらい》もおのずからそういうことを体験したわけであります。

もう一つ大事なことは、平素練習しているものは息が続くということです。呼吸が続く。それがたいせつなことなんですね。この呼吸ということに気づいたときに、人殺しの術が、人間の道に変化向上するきっかけができたわけです。平素練習しているものは、練習していないものに比べて戦場へ出て、呼吸が長続きする。そんなら息を練ることをしなければならんじゃないかと、呼吸の仕方を研究するということがはじまったわけであります。侍が、武道の稽古をしながら、息の仕方、呼吸の仕方を研究することが、自然坐禅をやったと同じことになってくるわけですね。

『古事記』に息長足媛《おきながたらしひめ》（神功皇后《じんぐう》・寿百歳）という方がいらっしゃいますが、たいへん長生きされた方です。これは息長と書いてありますね。長寿を保つことを長生きといいますが、長生きは長息で、すなわち呼吸が長いことです。むかしは、生きていることと、息をすることとを一つに考えたようです。生きるということと、息をするということとは、同じことであるわけで、したがって呼吸をととのえて呼吸を練るということは人間の心を鎮静し、そしてこれを高め、ついに道にいたるのでありましょう。呼吸をととのえると、まず姿勢が自ら正しくなります。ですから、ここでこうして皆さんの姿勢を見ていると、呼吸がととのっているかいないかはわかるわけですがね、今はそんなことみませんからご心配なく。（一同大笑い）

ご婦人の大部分というものは、肺を二つもっていらっしゃりながら、これを百パーセント使っていらっしゃらないですね。肺尖《せん》だけしか使っていない。もったいない話ですね。フルに使って深々と肺のすみずみにいきわたるまで呼吸をなさると、もう少し姿勢が正しくなる。姿勢という字は、姿という字と勢、勢とは呼吸が競《きお》いたつことだと申します。肺を存分に使えば、息が競い立って、姿もすーっとしなけりゃならん。今直さなくても結構です。しかし、これは冗談でなく、古人が呼吸を研究することによって、人殺しのわざを人間の道として向上させたという、文化史上の意義があるんですから、なんといってもたいせつです。姿勢が正しくなると心も正しくなる。呼吸に気がついたということが、武術を武道として高める一つの原因になったわけです。

ところが、遺憾ながら、現在行なわれている剣道で、呼吸をいちいち練る剣道はないんでありま す。おそらくあとで私ども、直心影流の法定《ほうじょう》という型をごらんにいれますけど、この型だけでしょう。呼吸を正確に鍛える方法を型に仕組んであるのは……。この型は、一挙手、一投足に深呼吸する。全国高等学校の剣道連盟の委員長をしておられる湯野正憲さんという剣道の先生がおります。この人が数年前に、日比谷公会堂で私が法定を行ないましたときにすぐ控室に訪ねてみえまして、「じつは、自分は剣道をやりながら剣道に疑問を持っていたが、今日あなたの型をみて解決した。それは第一に呼吸だ。どうして、剣道で呼吸をいちいちわざの上で練らないのか疑問を感じていたが、やはり古人はそれに気がついてやっていたということを、今、目の前で見て、非常にうれしかった。もう一つは足の使い方だ。あなたの足の使い方は、イタリーのダンスの足の使い方と同じだ」といわれました。私どもの剣道では、足を舟底型に、円を描くようにして使うんです。相撲でよくバタ足といいますけど、私ども、こう拝見していると茶の湯をなさる方々でもほとんどがバタ足です。ほんとうの生きた足を使っている人はいないようです。

名古屋に、柳生厳長《としなが》という新陰流的伝二十世の先生がおりますが、柳生先生が名古屋の広小路の街頭で、二時間ほど立って、往来する人びとの中で生きた足の使い方をする人をみておったが、たった一人もいなかったといわれたことがあります。みんな死に足を使っているんです。生きた足っていうのは舟底型に使うんです。お能でやるでしょう。地の上をなめらかにすべるように行くんですね。

高野茂義《しげよし》という剣道の大家がおりまして、先年亡くなりましたけど、この人が部屋の中を歩くと、家族の者が、いつ来たのかいつどこへ行ったのかわからなかったということです。二階から下りてくるのに、目方が二十何貫もあるのに足音が聞こえないという。別に抜き足、さし足、忍び足で歩くわけじゃないんですけど、足が生きているんです。ばたばたやらないんです。スー、スーといく。その足の使い方を、湯野正憲先生が見て感心した。もう一つつまらないことを感心しているんです。「あなたが発声する時に、口を四角にする」あとでごらんください。口はもともと四角いんだから、（一同大笑い）ほめられたって、たいしたことはないんだけど……口が四角くなるのは発声が、非常に正確なんだそうです。まあそれは別にして二つ、呼吸と足の使い方ですね。足の使い方は、ことにご婦人は、玄関の方で呼鈴が鳴ると、灰かぐらが舞い上がるようにバタバタって行くなんていうのはまったく慎しみのない養いのないことでしょう。

私どもの先生は、道場の入口に竹刀を持って立っており、道場へ入るときに死に足で入ってくると、足をその竹刀でバーンと叩いたりしたもんです。道場に入る前から、もう稽古だというんです。あのまた、話が……あんまり知識が豊富なもんだから（一同大笑い）困りますが……。

鈴木正三という人の『驢鞍橋《ろあんきょう》』という有名な書物があります。私はこの人を非常に尊敬していま す。いわゆる仁王禅を提唱した人です。「禅定の機・三昧とは、どういうことですか」と聞いたら、太刀をすらりと抜いて構えてみせて、「どうだ。わかったかっ！」っていうんですね。そしてそれからいうことが、おもしろいんです。剣道家はこうして始終、禅定の機を養っているんだ。しかるに剣道家は道場を出るとトタンにそれを忘れてしまう。だからいっこう、養えないんだといっている。しかし正三が、剣道家をばかにしたのではなくて――みなさんお考えになってください。お茶の先生は、お点前するときだけ禅定三昧に入っているけれども、それ以外はもとの凡夫にもどってしまう。書道家は筆を持ったときだけ禅定三昧に入って仏の境地にいるけれども、筆をおくと凡夫にもどってしまう。そういうふうに人間誰しも一日二十四時間生きているうちに、三十分や四十分禅定三昧に入って仏さまでいたところで、あとの二十三時間半ぐらいは、凡夫になっていたら、凡夫の時間の方が多いんですから、こりゃ修行が上達しないのはあたりまえです。剣道なんていうものは、みなさん、道場に入って、道具をつけ、ちゃかぽこちゃかぽこ叩くことだけが剣道だとおもっていらっしゃるからまちがいだ。朝から晩まで、剣道だとおもえば剣道だ。道路を歩いたって、道路とたちあっているんです。飯を食ったって、飯とたちあっているんだし、映画をみるんだって映画とたちあっているんだし、いかなる場合でも、何かと相対しているんだからどんな場合でも、禅定の機が養えなければならないわけですね。

禅宗坊主だと、正念相続して、朝から晩までずーっと禅定三昧でいると、鈴木正三はいっているんですけれど、どうも禅宗坊主でも、線香たてて坐禅するときだけが禅定三昧で、終わるとヤレヤレということになってしまう。みんな同じことです。これではいけないとおもいますね。剣禅一如といったところで、剣道というものをそういうふうにお考えになると、どうして剣禅一如かわからないわけであります。

わたしの先生は、山田次朗吉と申しまして、直心影流の十五代をついだ方であります。例の『親子鷹』という小説で有名な男谷信友の弟子が榊原鍵吉、その榊原鍵吉の遺鉢をついだのが、私の先生の山田次朗吉であります。この先生がどうして榊原先生の皆伝を受けたか。それは剣道で受けたんではないんです。というと、お前の先生はそれでは剣道は弱かろうということになりそうですが、そうじゃないんで、その方もたいしたものです。榊原鍵吉という人は幕末に輪王寺の宮（上野の東叡山におられた）をかついで千住まで、走って逃げたという人ですね。その輪王寺の宮というのが、北白川の宮さまです。そこで榊原鍵吉は、維新後になりまして、その縁故で、北白川宮邸に剣道を教えにいっていたんです。教えに行きますと、当時は二十銭くださる。二十銭もらうと榊原先生は帰りに一パイ飲んでしまって、いい気持ちになって帰ってくる。いつも山田先生がお伴をしている。ある雪の降る日に傘をさして、二十銭で一パイ飲んでいい気持ちになって帰って来たらどうしたはずみか、さすがの剣客の榊原先生が、足駄を踏み返して、鼻緒が切れた。そのとき、後ろからお伴をしていた山田先生が、パッと片手で先生を支えて、自分の足駄をぬいで、間、髪を入れずに先生の足の下につっこんだ。榊原先生は帰りましてから、みんなを道場に集めて、「お前らはいったい長いこと剣道をやって剣道をなんだとおもっているのか。お前らがささら踊りをしている間に、この山田次朗吉というのは後輩で、まだ若い男だが、ほんとうの剣道を修行して道に達している。今日これこれのことがあった。この油断のない、間髪を入れない、これこそ剣道の極意ではないか」と、こういったという。これは有名な話で、われわれの同門の先輩、といってもみなさんご存知ではないかもしれませんけど、水戸の友部というところに加藤莞治さんという国民高等学校（むかしの満州の開拓青年団の生みの親ですが）を指導している方があるんですが、この人が、山田先生から聞いたことを書いているんです。剣道とはそういうものなんですね。ですからわれわれの直心影流の伝書に、剣道というものは、斬る、つく、打つ、押えるというところにあるのではない。かえって「酬醋云為の間にあり」とこういっている。酬醋云為の間というとややっこしいが、要するに人と人との間でやりとりする。やりとりは、「おはよう」「お暑う」これも一つのやりとりです。人生やりとりでないものはなんにもないんです。剣の道をこういうふうに解釈すれば、剣の道が禅の道になるのは当然のことなんです。ならないのがおかしいんです。ならないやつはヘッポコ剣術使いで、われわれみたいの剣の大家はちゃんとなるんです。（老師、一同大笑い）

禅の方もそうなんですよ。この間ある地方の高等学校の校長先生がたずねてこられた。そしていうのに、「あなたは金閣寺の和尚さんと同門だそうですね」「そうだ」「じつはこの間金閣寺へ行って、和尚さんにお目にかかって禅の話を聞かせてくださいといったら、〃私はここの留守番です。禅のことは何もわかりません。私は師匠から、掃除をすることだけを教わりました。掃除の話ならしましょう〃とおっしゃったので、掃除の話をするかとおもったら、ひと晩泊めて、湯豆腐をごちそうしてくださった」、というので、えらく金閣の長老をほめておりました。

私が等持院にいましたときに、その書院に「禅寂無塵地」という額が掛けてありました。私は最初その意味がわからなかった。塵のないいたって静かなとはなんのことだろうとおもいましたけど、さっき自己紹介のときに、どなたかが「私は清掃の係だけども、この三日間で、ただ掃除するだけでなくて、心も清掃して清めて行きたい」とおっしゃいましたが、それが禅寂無塵の地です。禅を日常の掃除したり、人と応待したりすること以外の、特別な行為と考えるのは間違いでしょうね。

テキストの一番最初は、道元禅師の『典座教訓』から引用しました。『典座教訓』という本はじつにいい本で、ぜひ一度は奥さん方に読んでいただきたい。典座とは台所で炊事をする係のことです。台所仕事がいかにたいせつなものかということを教えられた書物です。おそらく皆さん方、家庭で煮炊きのことをなさっていらっしゃると、内心、快くおもっておられんではないかとおもいます。お手伝いさんでもおいて、私は何もしないでいたいという気があるんではないかとおもうんですが、ところがこの『典座教訓』を読むと、道元禅師は、典座というこれほどありがたい役目はないんだ。僧堂で雲水さんたちが、ほとけになろうと一生懸命坐禅している。その将来の諸仏のために供養し、修行が成就するためにごはんを作るんだ。つまり、仏さんの生みの親だ。そういう仕事ができるというのは、曠劫の勝縁だ。何世生まれ変わってもこういう仕事はめったにできるものではないと、感激をして仕事をしなければならぬと教えていますね。だからご婦人方は『典座教訓』をぜひお読みになり、また、ぜひ紀野先生にお願いして、『典座教訓』のご講義を聞かれるといいとおもいます。

道元禅師は、はじめ中国に渡られたときに、まず寧波《にんぽう》につきました。まだ上陸せずに船の客室におりますと、年のころ六十余りの老僧が、日本の船が入ったというので椎茸を買いに来たわけです。その頭の禿げた老僧が椎茸を買い終わったときに、道元禅師は、自分の客室に呼んでお茶を入れ、「老僧よ、あなたはそのお年になって、なんでつまらない小僧のやるような仕事をなさるのか、もっと学問をなさるとか、坐禅をなさるとかされたらどうですか」とこういったら老僧は、「外国のお客さんよ。あなたはまだ若いから、文字を知らず、坐禅のなんたるかをご存知ない」という返事でした。道元禅師、大いに老僧のために警告したつもりだったが、逆にやられて、「それじゃ学問とは何か、坐禅とは何か」とたずねると、「学問しようという心、坐禅をしようという心そのものがたいせつなんだ。あなたはまだお若いからよくお分りになるまいが、自分はこれから帰らねばならないから、後日機会があったらゆっくりそのことについて話そう」「もう日暮れになるからお泊りになって、ゆっくりと私と道の商量《しょうりょう》をしていかれたらどうか」道元さんがこういってとめると、老僧は、「そうはいかん、お寺には大勢の修行者が、この椎茸を持って帰るのを待っている。私がこれを今夜中に持って帰らなかったならば、多くの修行者たちは明日の行事に差しつかえるのだ。どうしても帰らなければ――」というので、数里の道を、椎茸をぶら下げて帰って行った。その年の秋に、道元禅師は、天童山で修行することになったわけです。ある日、阿育王《あいくおう》山から一人の老僧が尋ねて来て、日本から来た修行僧に会いたいというので、会ってみると、その老僧だったので非常に喜んで、お互いにその後の積る話をしたわけです。さて、一応のあいさつを終わってから、次の問答が出てくるのです。

山僧、他に問う「如何なるかこれ文字」

座云く「一二三四五」

又問う「如何なるかこれ弁道」

座云く「偏界曽て蔵《かく》さず」と。

道元禅師『典座教訓』

山僧とは、道元禅師が自分のことをいっているので、他に問うの他とは、老僧であります。文字とは、学問のこと。学問とはなんですかとこう聞いた。すると老僧が、一二三四五と答えた。つづいて道を修行するとはどういうことですか、というと老僧は、偏界曽て蔵さず、とこういったというんです。学問とは、一二三四五、いろはにほへと、ＡＢＣみんなそうで、この世の中に学問でないものは何があるか、逆にいえば、この世の中で、学問でないものをもってきて出してみろ。学問でないものはないだろう。みんな学問だ。学問というとむずかしい漢字を並べた書物や、外国の横文字を並べた書物、それを額に皺よせて首っ引きしているだけが学問だとお考えになっている。学生さんには失礼ですが、禅坊主っていうものは、おもった通りいいますから悪しからずお許しいただきたい。——それだけが学問だとおもっていて、人間としての第一義底を学ぶことは学問じゃないとおもっている。うちの親爺、学問知らないなんていうんですね。この老僧は、これもあれもみな学問だといった。「如何なるかこれ弁道」、それでは道を修行するとは、どういうことか。全世界どこにもかしこにも道があるじゃないか。道がむき出しでごろごろしているじゃないか。ここで「学問とは何であるか」とか、「道を修行するとはどうすることであるか」とかいうのは、要するに、「禅とは何であるか」ということと考えてよいわけであります。

この老僧の答えがはっきり分かるならば、典座《てんぞ》という台所仕事がそのまま学問であり、また、そのままが坐禅の修行であると分かるわけですね。掃除も洗濯も、もちろん学問であり、坐禅でなければなりませんね。

道元禅師は『典座教訓』の中に、米をといで棚に置くときの注意までしています。決してねずみなどに窺わせてはならない。もしといだ米にねずみなど近よって、ちょっとその爪をかけるとか、おしっこをかけるとかしたら、仏さまの召しあがる、生きた仏さまの召しあがるものがたいへんなことになる。だから、絶対にねずみなんぞの窺わないように、「吾が眼睛を護惜するごとくにせよ」といっています。どうです？　どうもこの頃冷蔵庫が大はやりで、冷蔵庫の中につっ込んで置きさえすれば、一週間経っても大丈夫だろうなんて食わせるんですが、わが眼玉をたいせつにするように、人さまの召しあがる、元の材料をたいせつにせよ、菜っ葉だろうと、人蔘のしっぽだろうとそんなことは問わない。軽重を考えてはいけないといっております。ロースだからたいせつ、大根のシッポでたいしたことにならないから台所にほったらかしておけなんていうのは、物の軽重を考えることです。ロースであろうと大根のシッポだろうと、食料としては平等ですね。そういうふうにしろといっておられる。それから、お釜で飯を炊くときは、「鍋はこれ自頭」、鍋を自分の頭だとおもえ。まあやかん頭っていうこともあるけれど（大笑い）鍋も自分の頭だとおもってたいせつにしろ。水を使ったら、水を自分の命であるとおもえ、とじつにいいことばですね。私は、ご婦人方が『典座教訓』をお読みになったら、奮い立つとおもいますね。台所が一新するとおもいますね。料理学校の先生がいらっしゃるようですが、その料理学校でぜひ、『典座教訓』を教科書に使っていただきたいとおもいます。そういう仕事がすなわち、坐禅であり、学問である、ということになったら、何もただ線香を立てて坐るばかりが坐禅ならんやですね。いっさいが坐禅である。そういう意味が判ってくれば、まさに剣と禅は一如です。いかなる時でも所でも、剣でないものはない。禅でないものはない、ということになってまいります。

「手にまかせて拈《ねん》じ来たるに、不是《ふぜ》あることなし」という禅のことばがありますけど、禅宗坊さんは不立文字なんていうけれども、これほど字をうまく使う奴はいないですね。なんだって構わない。みんな自分の修行の材料にする。どんなものだって自分の道心の養いにする。そういうものが禅であるとおもうわけであります。

二　臨済禅の機用

さて、テキストをごらんください。

夫れ剣は瞬息、心気力の一致。（千葉周作『剣術物語』）

これは、先に話した山田先生のこととおもい合わせてくだされればよく分かるとおもいます。「剣道とは何ぞや」一瞬間において自分の心と気と力と、この三つがぴしゃっと一つになる、一つになればそれが剣道だというわけです。竹刀を持たなければ、持たない無刀流の剣で、瞬息の間において心気力を一致させる。坐禅もそうですよ。みなさん坐って数息観をおやりになりますか。息をお数えになりますか。あの場合に、体を安定させて坐る一番いい方法は、体をピラミッド型にすえることです。そのときに全身どこにも力を入れずに、腰骨だけをしゃんと伸ばすんです。上体は湾曲したままでも結構です。軍隊の不動の姿勢のように胸を張ることはないんです。そのままでいいんです。しかし腰骨だけは『坐禅儀』にありますように脊梁骨（腰骨）をつき出しますとね、つまり、両ひざを底辺として線を引っ張って、尾骶骨を頂点とする平面三角を座蒲団の上に描いて、平面三角の中心に体の重心がおちるように坐ればよい。重心が中心に落ちないような坐り方では、これは百年坐ってもだめですね。腰を引いてはいけない。へっぴり腰。および腰ではいけない。とにかく腰をしゃんとする。まずそうして体を坐らせ、それから心をひとーつと数に集中する。その心と体を呼吸で調整して一つにしてしまう。いわゆる心息身一如です。やっぱり坐禅しても、心と体と呼吸と三つが、今という瞬間においてピターッと一つにならなければ坐禅にならないわけですね。

剣道だってそうです。瞬間において心気力が一致しなければ……。さっきの山田先生の例をあげてみましたのでも、師匠が転ぶのを心が直感的に感じたんです。感じて一分位たっておさえたんじゃ時すでに遅しですからね。

むかし、伊藤一刀斎という人がおりました。この人はまったく歴史的には奇々怪々な、どこでどう果てたかも分からない人でありますが、非常に偉い人です。この人が剣道の極意を神さまから授けてもらおうとおもって、この鎌倉の八幡宮に二十一日参籠したんですが、ついに神さまのお告げがなかったんです。この神さまのお告げがなかったということは、剣道史上ではじつにおもしろいんです。もう一時代前の主体的自覚の不十分の時代なら、きっと神さまのお告げがあったとおもうんです。私は、『剣と禅』の中に、剣道の歴史と、宗教の歴史とは同じだ、デーモンから人間を守るトーテム信仰から発達してきた宗教と、剣道の発達とはよく似ていると書きましたけど、古い流儀をみてみますと、みんな妙なものから極意を授けられている。たとえば、東の方では天真正伝神道流というのが剣道に流名をつけた一番はじめであります。それは天真正という河童《かっぱ》から授けられた神道流という意味であります。西の方では陰流というのが一番最初なんですが、これは日向の鵜戸の権現で、蜘蛛《くも》から授ったんです。人間さまが蜘蛛から極意を授ったり、河童から秘伝を授ったりしている。その蜘蛛でも、河童でも、年を経たものは、人間以上の力があるとおもっていますから、人間以上のものの加被力によって、自分の弱さを補っていくんですね。旗指物《はたさしもの》でも熊を描いたり、虎を描いたりする。それは、人間以上の威力を借りて、死の恐怖を脱却しようというのか、他力に依存する気持ちですね。

伊藤一刀斎とか、宮本武蔵とかいう人は、剣道が古い剣道から新しい剣道に転換するときの、いわゆる革新剣道の創立者として、みな天才的な偉人です。今まで弓矢だけしか武器がなく、城の中にたてこもれば、どうしようもなかった。そこへ鉄砲が渡来してきたので、今までの剣道は役に立たなくなった。そこで、むかしは重い鎧を着ていたのが軽装になって、野外に出て自由に行動するという剣道に転換する。その転換をやったのが、一刀斎とか、武蔵とかいう天才たちです。

その一刀斎が願をかけたけど、お告げがなかった。それで残念におもって拝殿を下って来ますと、天水桶のかげにちらりと黒いものが動いた。とおもうとパッと斬った。そして自分はそのまま帰った。後日、何カ月か何年か経ってそれを反省して、あのとき、黒いものがチラリと動いた。動いたのを見たときに、それは自分を斬ろうとしていると直感し、直感すると同時に自分は斬っていた。これこそ夢想の場というものだと気づいたのです。むそうという字はいろいろありますが、一刀流に残っている文書には夢の想と書いてあります。無想でもいいわけです。とにかく相手の動くのをみたそのとき、相手の何ものであるかを直感的に判断している、と同時に刀を抜いて切るという行動が起こっているんです。つまり心、気、力の三つが、一つになっているのです。

剣道というと、坐禅とちがって、行為に現われないものは意味がないのです。私は禅宗坊主の方を向いたときは剣で大いにいばるのです。剣道家の方を向いたときには、禅のことでいばるんです。お前は禅を知らないからだめだといって――。禅宗坊主の方を向いたときには、お前は剣を知らないからだめだといって――。というのは、いくら禅師さまが偉くたって、やらないことはできないんですから、相手が面を打ってくるとみたと同時に判断してパーンとそれをはね返すとか、あるいはかわすとか、よけるとか、反撃するとか、それは平素からやっていないと反射的には出てこないんです。それだから私は、「あなた方は、口先ばかりの観念論だ。できもしないホラを吹いているんだ。前を歩いている先生が下駄をひっくり返したらパッとやれるか、どうだ！」というんですが……。

「おれはできる」なんて、でもやったら私もできないかもしれませんがね。（一同大笑い）

しかし、「剣は瞬息、心気力の一致」これですね。これは、人生万般、これがないものはないですね。ここ（円覚寺）に今北洪川禅師という有名な方が明治初年におりまして、『禅海一瀾』という書物を著わして儒学の教えを禅で説明していますがその中に、孔子さんが、「我が道、一をもってこれを貫く」といったときに曽子が「唯《はい》」といった。このことを今北洪川禅師は非常に珍重しているんです。「自分はこのことばを長年見そこなっていた」と。「ハイ」これが完全にできれば、禅は卒業です。若いお方はいえないでしょう、くやしいだろうけど……。お母さんが「何子」と呼ぶと「あーうるさい。私、勉強の最中なのに」なんて……。三分くらいたってから「ハーイ」という。これを剣道に当てはめたらどうですか、ポカッとやられていますよ。「何子＝ポカッ」ときているそのときに、「私は勉強している……」なんてぐずついていて三分もたったら、もう完全に真二つにやられちゃっている。その死んだ奴が「ハーイ」と返事している。（笑声）禅だってそうですよ。間、髪を入れずにしてやらなければダメです。

沢庵禅師の『不動智神妙録』に、「何某《なにそれ》！」と呼ばれたら、「ハッ」と答えるのが不動智というものだ。「何某！」と呼ばれ、「何の用にてかあらん」と、自分を呼んだ相手の意図を推量したり、いいつけられるであろう用事の内容を検討してから、さておもむろに「ハッ」と答えたのでは、住地煩悩というものだというんです。私どもの返事は煩悩ばかりじゃないでしょうかね。剣も禅も「オイ」「ハイ」と即応ができればいいんです。専門的にいえば宝鏡三昧とでもいいますか、「ハイ」この一語を今北洪川禅師が「曾参の腕頭、抜山の力あり」と最大級の讃嘆をしているのはそのためです。ただハイといった曽子の腕前には、山を引き裂くような力量があるというのであります。

私は若い頃、ちょっとだけ原田祖岳禅師に参禅したことがありますが、原田老師の得意のことばに「孝行はわしゃむずかしいと思うたが、ただハイ、ハイといえばよいのじゃ」というのがあります。ただ「ハイ」「ハイ」といえなどいうと、この頃では自主性がないとか、民主的でないとか、封建的だとかいうでしょうが、決してそんなことじゃないんです。「ハイ」ということは、主体的に行動することなのです。そういうところがなければ相手に引きずり回されておもしろくないじゃありませんか。

「いやぁ今日は天気が悪い」とクサるのは、天気に引きずり回されているのです。「いやぁうっとうしい」これまた天気にうっとうしがられて……、これじゃおもしろくないじゃないですか。鈴木正三が、これから出かけようというときに、雪が降ったり雨が降ったら、「ああ、わしの子どもの頃、雪が降ったら、雪やこんこんといって喜び勇んで表へ飛び出したものだ、こうおもって行けば、なんでもないじゃないか」と、こういっている。まあそうおもってもどうでもいいですが、とにかく相手にことごとに負けちゃっている、そういうことが多くないかとおもうんです。それでは、坐禅をやっていくら「むー」と、うなったってだめですよ。そんな坐禅は死に坐禅だから。実地に生きて使えないような禅なんてやったってくその役にもならん（大笑い）だから、そこを「ハイ」と切り換える、いわゆる受け身の立場を能動的な立場に切り換えるのですよ。

私は前に、マタイ伝のキリストのことばを使ったんですが、これはいいことばだとおもうのです。

人もし汝の右の頬を打たば、左をも向けよ。汝を訴えて下衣を取らんとする者には上衣をも取らせよ。人もし汝に一里ゆくことを強いなば、共に二里ゆけ。

これをキリスト教はどう解釈しているか知りませんけれども、禅的に解釈すれば、これはまさに禅であり、剣であります。相手が左の頬を打ったとき、私は打たれているんです。お天気が悪いナ、とお天気にクサらされているのと同じで受け身であります。そのとき「ハイ」と切り換えて、「こちらも打ちなさい」と右の頬を差し出して打たしてやる。その刹那に私は、能動的立場に転化しているんです。所動的立場・受身から、積極的立場に転化しているんです。この立場の転換ができなければ、死に禅ですね。「ハイ」「ハイ」と転化していく。これを剣道の極意では、「丸橋」と申します。転《まろばし》です。そのくらいのはたらきがないと、臨済禅の機用とはいえないですね。

「お前、あすこまで、使いに行ってこい」といわれたら、「ついでにどこそこまで行きましょう」人から一里歩ませられたら、それをこちらが、二里行きましょうと立場を能動的に転換する。客の立場を転換して主人公になる。使いにやらせられるんでなくて、仕事をしてやっている。

こういうことをいうと、「お前、資本家の手先か」なんて労働組合から苦情が出るかも知れないけど、これは山田無文老師も、しばしば申しております。「われわれは大きな組織機構の中の一つの歯車でどうも人間性を喪失して人間疎外という状態になっている。しかし、そのひと駒がなければ、その全体が動かないじゃないか。だから独坐大雄峰の気持ちでやれ」と山田無文老師は、社員の研修会などで盛んにおっしゃっていることが記録に出ておりますが、それでいいじゃないか、それ以外にないじゃないか。これは人さまのことではないんです。自分のことなんです。自分がこの世の中に生まれてきて「われよくぞ生きたり」という完全な生き方をするのには、主体的に、能動的に、宇宙の主人公になって生きていかなきゃいけない。その場合に、自分は歯車のひと駒で結構じゃないか。この歯車によって全体が動いている。おれを中心に全体が動いてるんだ。このくらいの気魄は欲しいとおもいます。禅宗坊主が大きなことといって、おれが宇宙の主人公といったって、宇宙は認めないじゃないか、といわれるかも知れませんね。そうかもしれないが、「天地《あめつち》を肚に収めて乞食かな」で、われ宇宙の中心となって生きるという世界は、たしかにあるものです。

あたしどもの剣道の法定四本の型を、あとでやってお目にかけますが、これは春夏秋冬に当てはめてある。ある時代に五本にしたことがあるけれども、それをまた、達見の人がいて、四本にもどした四本にもどしたというのはどういうことかというと、あの木剣を持って型をやるのに、自分が宇宙の主人公になってやるんです。われが中心になって、春夏秋冬が展開してくるんです。そうおもってやれば、やっただけで気持ちいいじゃないですか。そういうところが剣道には必要なわけであります。さてそこで、そういうことを体得する修行の仕方でありますが、ここに柳生新陰流の達人である徳川光友公の歌を引いておきました。

張れやはれただゆるみなき梓弓《あずさ》

放つ矢先は知らぬなりけり

（尾張二代、徳川光友）

この徳川光友という人は、有名な柳生連也の印可を受けた人であります。この人が、新陰流の極意を体得したときにこの歌を作って、連也に呈上したらよろしいと認められたということです。この歌にはおよそ三つの段階があるとおもいます。まず第一は、「張れや張れ」ということです。張り切ってやれということです。力いっぱいにやれということです。徹底的にやれということです。坐禅をしたって、いったい坐っているのか、眠っているのか、起きているのか、死んでいるのか分からない、のんべんだらりとした中途半端じゃいけない。みなさん、自分で坐禅がうまくできたかどうかということは、坐禅が終わったあとで、自分でお考えになってみればよく分かることなんです。坐禅をやって終わったら、自分の体内に活気が凛々と湧いてきて、矢でも鉄砲でももってこいという調子になって、すっぱりとして自分が天地の真中に立ったような気持ちになっていなければ、それはじつは坐禅という格好をしていねむりをしていたに過ぎない、時間つぶしをしたに過ぎないのです。最初は、足が痛いから、そういっても無理でしょうが、これは心得として、「ひとーつ」と張りに張ってこそ、はじめて「ただゆるみなき梓弓」ゆるみない充実した第二段の境地が表われてくるんですね。

原田祖岳さんは、われわれが坐禅するときには、「ゆったりと、どっしりと、凛然と、東海の天に富士山の突っ立ったように」と、口癖のようにいわれましたが、じつにいいことばですね。これは坐禅するときの心得としてじつに単的で、おもっただけで気持ちいいじゃないですか。

私は誤って宗教家になりましたけど、宗教家の一番嫌いなところは、途中を一足跳びにして天国か極楽に行ってしまうことです。そしてはじめから腰抜けばかり作ることです。これは宗教家の欠陥だとおもう。そんなことをしているからインドは、仏教のような偉大な宗教を生みながら、永いこと外国の植民地にされてしまったんです。いくら宗教だって、坐禅をするときもぬるま湯に入ったような気持ちで、いい気持ちになって隠居ばあさんの陽なたぼっこで、ナンマイダ、ナンマイダ、といっているようではだめなんです。（笑声）鈴木正三が、「永年積み重ねてきた雑念、妄想がいい加減な事で截ち切れるか。自分の糞袋をにらみ据えといて、ウーンと力いっぱいやらなきゃ雑念は切れないじゃないか」といっている。凛然とやらなきゃだめです。それじゃ一生、張り切っていればいいかというと、そうではありません。だれだって、幼稚園から小学校、中学校、高校へいくんですから。今の宗教家というのは、幼稚園の子どもをつかまえて、いきなり大学院の教科を教えているようなものです。

剣道をやったって、「竹刀は軽く持て、相手が引っ張ったら手から抜けるように持て」（笑声）そんなことを初心者から教えているんです。「そんなことで振れるか。竹刀なんて握りつぶしたっていいから、力いっぱいやれ！」と、やらなきゃだめです。筆で字を書くときだって筆の軸のつぶれるほど力を入れて、書いて書いて書きまくると、「放つ矢先は、知らぬなりけり」という、柳生流でいうと、放つ位、いっさいを超越した第三の境地に入るんです。はじめからゆったりとやったのと、どうちがうかというと、はじめからゆったりやった奴は、字でいえば、内容空虚な空っぽの線が引ける。ところが、充実して、うんうん力を入れてやって上達しておのずから力の抜けた字になりますと、書いた線がじつに柔軟な、しかも力に満ちあふれた字になるんです。

剣道だってそうでしょ。はじめからグウダラやって竹刀を振っている奴は、いつまで経っても大したものにはならない。はじめは腕力いっぱいやる。腕力いっぱいやっているうちに自然に柔らかくなり、左右の腕の力が平均してまっすぐに無理なくすぱんといくようになるんです。しかもなでたように触りながら、芯の方に凛とひびくようにいくんです。そういう段階を心境的にいえば「放つ位」ですね。石でも川上にあるときは、ごつごつしている方がいいでしょう。それが川下へ流れて行くうちに、もまれもまれて自然に丸くなるのです。人間も若い頃はごつごつしている方がいいんです。あんまりはじめから柔らかいと、海に出る頃には消えてなくなっちゃう。

私の知っているある校長先生は、「自分が教育者になって四十年間の経験によると、在学中に成績優秀な生徒は、四十過ぎるとどっかへ消えちゃう」っていうんですね。それで、「ずいぶんいたずらした奴だな、なんていうのが逆に四十過ぎると社会に頭角を現わしてくる。自分の体験上からいうと、どうも人間というのは、四十過ぎるころから頭角を現わす方がいい。学生時代、あいつはできるできるといわれていて、しまいにどこかへ消えてなくなってしまうよりいい」といっておられますが、そうなるためには、故人の伝記を読めといわれましたがね。私もそうだろうとおもうんです。はじめのからも柔らかにおしとやかに——これはお嬢さんは別ですよ。私は男相手にいっているんだから。(大笑い)　お嬢さんでも、ほんとうに柔軟な力というものは、張りに張る精進、ゆるみない充実という所から養わなければならないとおもいます。何もお嬢さんが、肩肱張って、やーっていばることはないんですけれども、やり方は同じだとおもうんです。練りに練った最後に柔軟になる。これがたいせつです。

鈴木正三が、「坐禅というものは、仏像を手本にしろ。仏像といってもいろいろある。たとえば、山門に行ってみろ。入口には仁王さんがいるじゃないか。そこを通り過ぎなければ、ご本尊の観音さまにはお目にかかれないじゃないか」といっておられる。だから、「如来坐禅なんていうのはわれわれにはおもいもよらぬ。まず、入口の仁王さんを手本にしてやれ」と、仁王禅というのを奨励しておられる。あれはうまい教えですね。寺の入り口には、仁王さんがいるでしょ。口を開け「アー」、口を閉じて「ウン」とやっている。一生そうやっているんじゃない。一生やっていたらばかです。(大笑い)　それを練って練っていくと、奥の院の柔軟な観音さまにお目にかかれるんです。はじめから観音さまになれ観音さまになれというもんだから、どうもちっとも充実しない。内容空疎な観音さまばかりできちゃうんですね。

われわれのほうはそうじゃないんですよ。鈴木正三がこういっています。謡をうたう観世某という人が禅の修行はどうしたらよいか、と尋ねると、「謡をうたってみろ」とうたわせてみる。「節回しをうまくしようとやってもだめだ。腹を太鼓の胴のようにして〝ウォー〟と声を出してやるがいい」といって謡わせているんです。「どうだ、いい気持ちになったろう」「なりました。」「その機の張ったところが禅というもんじゃ」といっているんです。それからまた正三老人は、麻布の賢崇寺でお経の読み方で禅の指導をしています。お経は普通中音で読むんですが、鼻先で、ナンマイダーなんていうのはダメだ。腹の底から「ウェー」と出せ。「ナンマイダー（会場破れんばかりの大声で老師唱える）」

一生そうやっていたら、さっきいったようにしょうがないですが、それを練って行くと柔らかくなり、低くてもよく透るいい声が出るようになるんですね。

それから農家の人に向かっては――これは多くの勤労者に当てはまることですが、「君たちはいったい仏の体をもち、仏の土地を耕し、そうして作る米は、仏の命の糧ではないか」と。「そういうりっぱな行ないをしながら、なぜ君たちは地獄に落ちるのか、それは心の向きが間違っているんだ。その心の向きさえ変えれば、君たちはりっぱに朝から晩まで、仏作仏行しているんだ」とこういっているんです。それではどういうふうに心の向きを変えるかというと、ひと鍬ひと鍬ナンマイダーナンマイダーと、力いっぱいにやれというんです。このひと鍬で、一切衆生の食生活の基本を作るんだと大誓願をもってやれと、こういっております。先の山田無文老師のいう時計のひと齣で結構じゃないか。このおれという一齣のはたらきによって世界人類一切衆生を済度しようと、全身の気力を注いでやれば、それでりっぱじゃないか、ということと同じですね。そういうふうにしてやって、精進、充実といえる段階を経てついに柔軟な「放っ」位になると、こういうことなんです。

三　剣禅一如

山岡鉄舟という人は、鬼鉄といわれましてね。若い頃に講武所の教官になったとき、剣道の仕方がなまぬるいといって、一寸五分厚さのけやきの壁板を竹刀で突いたら穴があいてしまった——というくらい猛烈な人です。この人が坐禅をしますと、今までねずみがさわいでいたのが止ってしまうというんです。先生は一名ボロ鉄ともいいまして、えらいあばら家に住んでいて、いろいろと国事に奔走して歩いたもんですから、家の世話は十分できなかったらしいですね。ソバを買って、紙に包んで塀の外からポーンと放りこむ。奥さんはそれを拾って食べたという話もあるくらい貧乏していた。だから、畳は自分の坐るところ一畳しかない。その一畳も自分が普段坐っているところは、真中がへこんであんこが出ていたと申します。そういうボロ家ですから、ねずみが日中からでる、ところが鉄舟さんがじーっと坐禅をはじめると、ぴしっと静まってしまう。「あなたが坐禅をはじめると、ねずみがびくともいいません」と、奥さんがいったら「おれの坐禅は、ねずみのかかしくらいが相場かな」といわれた。ところが、この人が晩年になって——晩年といっても私よりずーっと若く五十三で死んでいます。あした七月十九日はその命日です。晩年になって円熟してから夜など写経していると、ねずみが肩や腕にまつわりついてたわむれたといいます。つまりねずみまでが親しみ寄ったというのです。こういう境地が剣道にもあるんです。剣道でこれを「相抜け」というんです。鈴木大拙先生は、禅を外国人に知らせるには、相抜けが一番いいというので、相抜けのことを書け書けおっしゃるんだけど、なかなかそううまく書けませんけど、そういう境地があるんです。

居合《いあい》なんかでは「鞘《さや》の中《うち》」といいます。鞘の中というのは刀を抜かない前に相手を押えてしまうことですね。つまり刀が鞘の中にあって、まだ抜かないで、相手を圧迫し押えてしまうのをいうんです。今の原爆の〝恐怖の均衡〟みたいなもんで、あれも鞘の中かもしれない。使わないんだから、あれも鞘の中かもしれませんけど（笑声）ああいう鞘の中ではだめです。

私も最近、居合をはじめて審査を受けましたけど、居合の審査に学課の試験があるんです。鞘の中という問題が出ました。私はこれに対して、まず刀を抜かないで敵を圧倒してしまうことと書きました。これは古来の解釈であるが、しかしそんなことじゃだめだ。相手がその人に対して敵愾心を持たないで、あの人ならばと悦服し寄り添ってくるようでなければだめだ。にらみをきかしているようじゃほんとうの鞘の中ではない。いくら抜かなくたって、腰の得物にびくびくして近寄らないんじゃおもしろくない。鉄舟さんのように、ねずみが来ていっしょにたわむれる。こういうところがなければならない。まあ、紀野先生のようなおやさしい方は皆さんがそういうふうにして悦服して、「紀野先生のお顔みていると救われるわ」っていう調子でいるんでしょうね。（一同大笑い）われわれだと違うんですよ。顔をみているとこわいっていう（笑声）この柔和なる、わが曹玄老師をこわいという。

（笑声）こわいとおもわれるようじゃだめです。悦服して、その人のそばにいるだけで法悦を感じる。そこまで練り上げなきゃだめです。道を歩いていて、愚連隊に因縁をふっかけられたり、しっぺい使ったら雲水に奪われて逆になぐられた。（大笑い）これじゃ情けないじゃないですかね……。

私は禅宗坊主は口ばかりじゃだめだっていうんですよ。いくら偉い管長さんだって、こっちが年寄りで、向こうが若いから竹篦《しっぺい》をとられることは、腕力の差で仕方ないですよ。しかしそのときに、たとえば「ウォ！」といったら向こうがまいってしまえば、まあ中ぐらいですがね。叩かれるよりはましな程度でしょう。（笑声）もっと修行が円熟したら、相手がすでにもううれしくなっちゃって、ひっぱたいたら「ありがとうございます」感謝感激雨あられで、叩かれたら感激するようでなければ――。

臨済禅師だって「我れ二十年、黄檗先師の処に在って、三たび仏法的々の大意を問う。三たび他の杖を賜うことを蒙る。蒿枝の払著《ほっじゃく》するが如くに相似たり。いま、更に一頓の棒を得て喫せんことを思う。誰か我がために行じ得ん」と往時を回顧して、お師匠さんに叩かれたのが、よもぎの枝で撫でられたような快い感じがして、今に忘れられないというんですね。

むかしの臨済禅師と今の禅僧とではたいへんな違いじゃありませんか。それは内容がからっぽだからですよ、私にいわせれば……。私なら蹴倒しますよ。やあアハハハハ……。そういう内容を伴わないで、ただへらへらして頭を下げているんじゃしょうがない。まず刀の柄に手をかけないで、威力で相手を屈服するだけの力を持って、さらにそれを抜け出て、山岡鉄舟さんのようにねずみといっしよにたわむれるという、猫とねずみが楽しくダンスしているような世界が、観音さまの施無畏という世界でしょ。そういう境地が「相抜け」の剣境で、そこまでいかなければ、ほんとうの宗教家といえないと思うんです。

私が剣道の道場を持っておりますときに、道場の総令に頭山満翁の長男の立助《りゅうすけ》という人を立てていたのです。私は、この世に生まれて、私の師匠の関精拙と、この頭山立助と、この二人の人にお目にかかることができたというだけで、私のこの人生は満足だとさえおもっています。

天竜寺で坐禅をして、もう苦しくて苦しくて逃げだそうかとおもったことがいくらもあります。そのときに、精拙和尚が朝になると遞代伝法《ていだいでんぽう》といって、お釈迦さま以来の祖師方の名前を唱えながら拝をします。その姿を見ていると、もくもくと「おれもやるぞ」と元気が出てくるんです。ところが、長つづきしない。ひるごろになると、ぺちゃんこになってしまう。（笑声）さて、もうこんどは足が痛い、首が痛いになる。すると講座がはじまる。和尚が、講座台に登って、むずかしい提唱をやるんです。なんのことかわからない。わからないけど、その和尚の姿を見、声を聞いていると、もう感涙にむせんで勇気凛々としてくるんです。「やるぞ！」って。しかしまただめになって……ということを繰り返し繰り返ししましたが、こういう感銘を与える人にしてはじめて宗教家だ。われわれみたいに一時間半しゃべっても、なんの感銘も与えない奴は宗教を語る資格なしとおもいます。頭山立助という人は結核で一生寝て過ごした人です。この人が結核になったのは、東亜同文書院にいるときに、同室の人が喀血した。その血をわざわざ病人の前で飲んでみせて「心配するな」といって慰めていたのが悪く、ついに自分も結核になった。衛生知識がないっていえばその通りで、まったくむちゃな話ですね。しかし、その温情に泣かされます。この人の病床を訪問すると、すべて合掌で応対する。この人と一時間話をしてくると一週間ぐらいは元気が出るんです。見舞いに行った帰りには、われわれはなんと情けない、けちくさい、尻めどの小さい、こんなちっぽけな針の先でつついたようなことで、何をくよくよしているんだろう。あの人の天地をのんだような大気魄、その慈愛、それに眼がよかった。鳳眼というのでしょうか、鳳《おおとり》のような眼をしているんです。あまり好男子ではないですがね。接していると勇気凜々としてくるんです。帰りはこうやって、大手をふって帰ってくる。だから、くさくさしてくると、見舞いに行くんです。（一同大笑い）それは、あたしばかりじゃなくて、みんなそういうんですよ。「立助君とこへいって見舞われて来た」って――。（大笑い）あまりしゃべらない人で、無言に近いくらい。ごく口数が少ないんです。私は二時間ぐらい、一言もいわなかったことがあります。顔見合わせてニヤリと笑って、また少し経ってニヤリと笑って帰って来たことがあります。帰り際には必ず詩吟をやらせるんです。自分も追分をうたうか、黒田節を歌うんですが、じつにいい声でした。そういう人がおりました。そういう人がほんとうの施無畏者、無畏を施すもの、相手の不安を除き安心を与えるものだといってよいとおもいます。これは宗教そのものであると同時に剣道の極意ですよ。この立助先生が、ひとたびおこると、もうものすごいですから、私も一、二度やられたことがあます。そのとき私は身ぶるいしました。おそろしかったですね。

剣道の極意が施無畏にある、などというとそれは観念論だという人もあるけれど、その人に接していて、一言もいわないのにこちらがうれしくなって安心して、もうほんとうに救われたようになる。その人がひとたび怒るとふるえあがっちゃう。ですから、それほどの内容、実力を持った人にしてはじめてそういう境地が体現できるとおもうんですね。そういうところがどうしてもないといけない。ことに禅ならば、講座台上でダボラを吹いていればすむんですが、剣道家はそうはいかないですよ。じゃ立ち合ってみろっていわれたら——。今日は腹が痛いとばかりいえませんからね。（笑声）しかし剣道をやっていると、いいことに、相手が一人相撲することがある。数年前に、但馬の出石の宗鏡寺に行ったことがあります。沢庵禅師の寺です。そこへいって前の日に豊岡の剣道連盟で、剣道の話を翌日寺で、提唱をやりましたら、剣道七段の教士が、防具を担いでやって来ました。話の通りかどうか、仕合いをやるんだといって。あの野郎、昨日ダボラを吹いたが、どのくらい実力あるか試してやろうというのでしょうね。今日は、ここにはそういう人は来ていないでしょうね。（大笑い）そのとき、私はそんなこと知らないで講座をはじめるべく、本尊の前へ行って拝をし、講座台へ上ったのです。帰りがけになって、その剣道の先生が、「おれが負けた」というんです。何が負けたかこっちは知らぬが仏なんですよ。拝をしているとき、後から叩いてやろうとおもったらスキがなかったっりて。いい加減なことをいっているんです。こういうのは自分で独り合点して力負けしているんですね。(笑声) そういうのは別ですが、いったいに、禅宗坊主っていうのは、ホラばかり吹くのがうまい。私もホラ吹くけど、ホラにだまされたらだめです。禅宗の本山にきて、あまり悪口いうと悪いけど……。(一同大笑い)

余分なことばかり申しておりまして、あとの方が時間がなくなりましたけど、最後にテキストに「三法印」のことを出しておいたのですが、従来三法印は、少し平面的に考えているのではないかとおもうんです。ところが私は、これを立体的にみるべきだとおもいます。「諸行無常」は、このものはどうしてできたかということを、因縁という理法に基づいて、ものの生成を時間的にみたものだとおもう。そして万物は流転する、少しもとまどっていないという、時間経過を見たものがこれだとおもう。「諸法無我」は空間的にみたものです。そのもののまことの相はなんであるかというのがこれで、その結果、諸法の実相というものをみて無我であるといったのが第二の法印です。諸行無常というタテの方は、華厳の哲学です。横の諸法無我という方は、天台の実相哲学だ。華厳の時間論と、天台の空間論、お釈迦さんに八万四千の法門ありと申しますが、これだけでいいんだと私は思います。この時間と空間の交叉し即一したところが「涅槃寂静」の世界だとおもいます。それは、そよとも風の吹かぬ世界です。それを実践的にいうと、今…ここというところに、わが生命力を百パーセント燃やしつくして悔いのない生き方をすること、それしかない。皆さんは、たいせつな命をいつでも、いま、ここにひっさげているでしょう。そしてあるいは正念し、あるいは妄想し、あるいは足を痛がり、あるいはおもしろがりしている。つまり現在にはたらいているわけです。

それ以外に禅の生活はない。それ以外に剣の生活はない。そこにおいて剣と禅は、渾然一如している。相手が打ってきた瞬間に、こちらもハイとばかりに同時にバーンとやる。これを一刀流で切り落としという。これを俗に相打ちという。相打ちとは相手の太刀に乗って勝つ技法ですが、相打ちを文字通り考えたらこんなバカなことはない。ヤンチャ小僧のチャンバラみたいに両方で叩きあって共倒れになる。そんなのは剣道じゃない。そこに技術の練磨が必要になる。だから稽古しなけりゃできない。とくに眼がよく効いて、距離目測が正確でないと、当たらないとおもう奴が当たっちゃったりする。（笑声）すべて人間の行為には間というものがたいせつです。

相打ちということの中には、まだ争う心がある。勝とうとする心がある。それがあることは、勝敗という相対的な境地にいるわけです。それではいけない。それを乗りこえて相手を意識するところがないところへ行ったのが相抜け、両方とも生きる世界です。ソ連も結構、中共もアメリカも結構、両方生きる。柳は緑、花は紅です。唯仏与仏の世界です。それが諸行無常にして、諸法無我なる涅槃寂静の世界ではないでしょうか。これが、剣の最高極意、禅もそこだとおもう。そういうことをわれわれの生活上に体験するとき、「今ここに我れ斯く生く」です。しかしただ「今、ここ、おれ」だけではうっかりすると刹那主義になり、犬畜生と同一次元の生活になります。「今、ここ、おれが」をほんとうに体験すれば、それは絶対の現在であり、絶対の現在だから時を超えた時間すなわち永遠ということになるわけです。あらゆる時間を踏まえた今、いっさいの時間がそこから出るところの今です。そうでなくて、ただの刹那だけだったら人間の倫理性はなくなりますからね。

われわれが今というとき、それは過去心不可得、未来心不可得、現在心もまた不可得という絶対の今であり、それから空間的にここというときには、アメリカでもソ連でも、どういうところでも普的に妥当するものを踏まえたここ、これを忘れてはとんでもないことになります。外道禅、野狐禅になる。そこのところを忘れないで、今ここというところで百パーセントいのちを燃やしつくして、悔いのない剣禅一如の生活をしていきたいものとおもいます。ご清聴ありがとうございました。

（昭和四十年七月、鎌倉円覚寺における真如会での講演速記）

復刊のいきさつ

大森老大師の三十三回忌を迎えるにあたり、記念となる事業をと考えはじめた時でした。大森老師の法嗣のお一人、細川道彦老師がハワイから高歩院にお越しくださいました。

初対面にも関わらず、師は数時間に及び大森老師のこと、その周辺のことをお話くださいました。師がご修行中の身であった時、大森老師に「数ある著作の中で一番思いのあるものはどれでしょうか」とお聞きになったそうです。その時、大森老師は即座に「どの本にも同じ思いがある」と答えられたそうです。しかし、間をおいて「『禅の真髄』かな」、と漏らされたそうです。

これをお聞きしたとき即座に記念事業として『禅の真髄』を復刊しようと思い立ちました。ハワイから細川老師がお見えにならなければ、この本は高歩院の図書室の一角で静かに佇んでいたままだったかもしれません。

復刊のまえがきをしてくださった鉄舟禅会・奥田直心顧問は、大森老師の法嗣、老居士であられます。大森老師、ならびに鉄舟禅会の禅風を生き生きと描写してくださいました。復刊の意味を強く意識させてくれるのではないでしょうか。

これを道標として精読いただければ、この本がオムニバス的に編まれているにも関わらず、禅の体相用を巧に配置していることがわかるかと思います。

この復刊が皆様の禅への情熱を沸き立たせる一助となれば幸いです。

最後に、復刊を快く受諾くださいました大森慶子様、鳥影社社長の百瀬精一様、ならびに刊行までの労を厭わずご尽力くださいました鉄舟禅会の皆様に感謝申し上げます。

終わりにあたり先師、高田玄中老師が「大森曹玄翁夜話」に記されました一句を再掲させていただきます。

年年歳歳花相似　歳歳年年不同人

東京　中野　臨済宗　天龍寺派
高歩院　鉄舟禅会　垣堺　玄了　謹誌

禅にご関心のある方は下記URLをご覧ください
鉄舟禅会ホームページ　https://kohoin.org/

〈**著者紹介**〉
大森曹玄（おおもり そうげん）
1904年　山梨県に生まれる。
1923年　日本大学修了。
1925年　京都天龍寺・関 精拙老師に参禅。
1934年　直心道場を創立、終戦の年まで、
　　　　武道を中心に青年指導。
1946年　京都天龍寺・関 牧翁老師に得度を受け、
　　　　僧籍に入る。
1948年　東京高歩院住職、鉄舟禅会師家となる。
1978年　花園大学学長。
1994年　遷化。

著書『参禅入門』『臨済録講話』『山岡鉄舟』
　　『剣と禅』『書と禅』など

禅の真髄
二〇二五年一月二二日初版第一刷印刷
二〇二五年一月二八日初版第一刷発行
定価（本体二五〇〇円＋税）
著者　大森曹玄
発行者　百瀬精一
発行所　鳥影社
長野県諏訪市四賀二二九—一（編集室）
電話　〇二六六—五三—二九〇三
東京都新宿区西新宿三—五—一二—7F
電話　〇三—五九四八—六四七〇
印刷　モリモト印刷
乱丁・落丁はお取り替えいたします

ISBN 978-4-86782-138-1 C0015